Verfassung für das Land Nordrhein-Westfalen
Grundgesetz für die Bundesrepublik Deutschland

W0402050

VERFASSUNG
für das Land Nordrhein-Westfalen

GRUNDGESETZ
für die Bundesrepublik Deutschland

Textausgabe
Stand: November 2012

GREVEN VERLAG KÖLN

Wir danken dem Verlag C. H. Beck für die freundliche Überlassung
der Textdateien von Landesverfassung und Grundgesetz.

© Greven Verlag Köln GmbH 2013
Lektorat: Georg Braunschweig, Köln
Gestaltung: Thomas Neuhaus, Billerbeck
Satz: Thomas Volmert, Köln
Alle Rechte vorbehalten
ISBN 978-3-7743-0439-0

Detaillierte Informationen über alle unsere Bücher finden Sie unter:
www.Greven-Verlag.de

INHALT

ZUR EINFÜHRUNG

Staaten und Länder brauchen eine Verfassung. Sie ist gewissermaßen die Grundlage der staatlichen Ordnung und legt den Rahmen fest, innerhalb dessen sich das Leben der Gesellschaft wie auch das des einzelnen Bürgers abspielt. Verfassungen in diesem modernen Verständnis gibt es seit dem ausgehenden 18. Jahrhundert. Franzosen und Amerikaner waren die ersten, die sich eine Verfassung gaben, denen seither die weit überwiegende Zahl der auf der Welt existierenden Verfassungen gefolgt ist. Als zentrale Bestandteile enthalten sie eine Garantie der Grund- und Menschenrechte sowie Bestimmungen hinsichtlich der politischen Mitwirkungsmöglichkeiten der Bürgerinnen und Bürger. Auch das Verhältnis der politischen Gewalten (Regierung, Parlament, Rechtsprechung) zueinander ist darin geregelt.

Umso erstaunlicher ist die Tatsache, dass Nordrhein-Westfalen als Land zwar bereits im August 1946 gebildet wurde, jedoch erst vier Jahre später, am 11. Juli 1950, eine Verfassung erhielt. Die Bundesrepublik hingegen wurde zeitgleich mit dem Inkrafttreten des Grundgesetzes am 23. Mai 1949 gegründet. Sie hatte also von vorneherein eine Verfassung, auch wenn sie nicht so genannt wurde, um den vorläufigen Charakter dieses Staatswesens zu betonen. Eine Verfassung sollte erst in einem wiedervereinigten Deutschland Geltung erlangen. Ungeachtet dieses Vorbehalts heißt aber auch heute – zwanzig Jahre nach der Vollendung der deutschen Einheit – die Verfassung der Bundesrepublik noch „Grundgesetz". Der Begriff ist im Bewusstsein der Bevölkerung fest verankert, und es besteht eigentlich kein Grund, ihn durch einen anderen zu ersetzen.

Halten wir also fest: Das Land Nordrhein-Westfalen ist – wie die meisten Länder – älter als die Bundesrepublik, deren Bestandteil es doch ohne Zweifel ist. Um das zu verstehen, müssen wir uns die Situation Deutschlands nach dem verlorenen Zweiten Weltkrieg vor Augen führen. Das Deutsche Reich hatte am 7./8. Mai 1945 bedingungslos kapituliert. Die politische Zukunft des Landes lag damit allein in den Händen der Siegermächte, also der USA, der Sowjetunion, Großbritanniens und Frankreichs. Diese hatten bereits vor dem Ende des Kriegs eine Aufteilung Deutschlands in Besatzungszonen vereinbart, innerhalb deren die jeweilige Siegermacht gewissermaßen die Souveränität besaß. Bei allen Differenzen, die sich zwischen den Alliierten bald nach dem Krieg ergaben, war man sich im Grundsatz darüber einig, dass ein neuer deutscher Staat nur föderalistisch – also bundesstaatlich – aufgebaut sein dürfe. Dadurch war die Gründung der Länder bereits vorweggenommen und wurde kurz nach Kriegsende ins Werk gesetzt. Diese Länder sollten einerseits nicht so groß sein, dass eines von ihnen – so wie vor 1933 das Land Preußen – die übrigen dominieren konnte. Andererseits sollten aber auch keine ausgesprochenen „Zwergstaaten" gegründet werden, die über Jahrhunderte die politische Gestalt Deutschlands geprägt hatten.

Ausschlaggebend für die Entscheidung, Deutschland eine in Länder gegliederte, also föderale Struktur zu geben, war die Angst vor einem übermächtigen, zentralistischen Land in der Mitte Europas, das seine Nachbarn möglicherweise wieder mit Krieg überziehen würde. Die Entscheidung der Alliierten stand aber auch in Einklang mit der bisherigen deutschen Geschichte. Einen Staat namens „Deutschland" hatte es überhaupt erst seit 1871, also seit der Gründung des zweiten Kaiserreichs, gegeben. Zuvor meinte der Begriff Deutschland allenfalls einen

Raum, in dem die Menschen durch gleiche Sprache und Kultur miteinander verbunden waren. Auch der deutsche Nationalstaat, wie er 1871 geschaffen wurde, wies starke föderalistische Elemente auf. Die Eigenständigkeit der Länder blieb ausgeprägt, was schon allein dadurch sichtbar wird, dass die meisten von ihnen bis 1918 einen Monarchen an ihrer Spitze kannten. Eine Gliederung Deutschlands in Länder entsprach also den hier bereits vorhandenen Traditionen, verbunden auch mit einem entsprechend ausgeprägten landsmannschaftlichen Zusammengehörigkeitsgefühl der Menschen. Die Alliierten waren also in ihren jeweiligen Besatzungszonen aufgefordert, nach und nach lebensfähige Länder zu schaffen, ehe man daran dachte, ganz Deutschland eine neue staatliche Ordnung zu geben.

Operation Marriage: Die Gründung des Landes Nordrhein-Westfalen

Die britische Zone umfasste ganz Nord- und Nordwestdeutschland (mit Ausnahme Bremens), also auch das Gebiet des späteren Landes Nordrhein-Westfalen. Über die politische Zukunft dieses Gebiets gab es zunächst verschiedene Meinungen, ehe die Entscheidung im Juni 1946 endgültig für den Zusammenschluss des Nordrheinlands und Westfalens gefallen war. Diese „Operation Marriage" (Hochzeit), wie man den Vorgang in London nannte, entsprang auf britischer Seite wohl in erster Linie pragmatischen Überlegungen. Vor allem war damit einer Internationalisierung des Ruhrgebiets, wie sie etwa von den Franzosen gefordert wurde, der Weg versperrt. Was der Besatzungsmacht sicherlich nicht bewusst war: Das Nordrheingebiet und Westfalen wiesen zahlreiche, teilweise bis in die Zeit der

Karolinger zurückreichende wechselseitige Bindungen auf. Zu erinnern ist hier etwa an die Tatsache, dass es Karl der Große gewesen war, der diesen Raum erstmals herrschaftlich zusammengefasst hatte. Auch in den nachfolgenden Jahrhunderten blieben die rheinisch-westfälischen Beziehungen stets sehr eng. Man denke hier nur an die überragende wirtschaftliche und kulturelle Bedeutung der Stadt Köln für Rheinland-Westfalen. Auch die Tatsache, dass die Kölner Erzbischöfe häufig zugleich auch Bischöfe von Münster waren, ist in diesem Zusammenhang erwähnenswert. Die Entstehung des Ruhrgebiets seit der zweiten Hälfte des 19. Jahrhunderts ist eine weitere Klammer zwischen beiden Landesteilen, hat dieser industrielle Ballungsraum doch einen rheinischen und einen westfälischen Teil. Der Zusammenschluss zu einem Land Nordrhein-Westfalen besaß also auch eine historische Legitimation, ohne dass dies der britischen Besatzungsmacht bewusst gewesen ist. Zur Landeshauptstadt wurde Düsseldorf bestimmt, was ursächlich damit zusammenhing, dass die britische Militärregierung hier ihren Sitz hatte. Außerdem war die Stadt, im Gegensatz zu Köln und Münster, in geringerem Maße durch den Bombenkrieg in Mitleidenschaft gezogen worden. Es gab hier also noch eine Reihe von Gebäuden, die sich zur Unterbringung der Ministerien und Landesbehörden eigneten. Auch dieser Entscheidung kann man eine gewisse innere Logik nicht absprechen, denn Düsseldorf besaß eine lange Tradition als Residenz- und Verwaltungsstadt, wenngleich sie auch keine Mittelpunktfunktion für den rheinisch-westfälischen Raum besaß, anders als etwa München für Bayern.

Die eigentliche Gründung des Landes Nordrhein-Westfalen war ein Vorgang, der sich über mehrere Monate hinzog. Als endgültig abgeschlossen kann sie erst seit der Angliederung des Landes Lippe-Detmold am 21. Januar 1947 gelten. Auch existierten parallel noch die alten preußischen Provinzen, die Rheinprovinz und Westfalen, die erst durch das alliierte Kontrollratsgesetz Nr. 46 vom 25. Februar 1947 – wie das Land Preußen insgesamt – aufgelöst wurden. Bereits im Juli 1946 wurde Rudolf Amelunxen zum ersten Ministerpräsidenten ernannt. Am 23. August, der als der eigentliche Gründungstag gilt, bekam die Bildung des Landes Rechtskraft, und am 2. Oktober 1946 kam der Landtag zu seiner konstituierenden Sitzung zusammen. Da es an einem eigenen Parlamentsgebäude fehlte, geschah dies im Theatersaal der Henkel-Werke in Düsseldorf-Reisholz. Dieses Provisorium blieb auch noch eine Weile bestehen, ehe der Landtag im Jahre 1949 sein neues Domizil im Ständehaus am Schwanenspiegel beziehen konnte.

Auch die Abgeordneten des Landtags wurden nicht demokratisch gewählt, sondern nach Maßgabe der parteipolitischen Konstellation aus der Zeit vor 1933 durch die Besatzungsmacht bestimmt. Auch landsmannschaftliche Gesichtspunkte spielten bei ihrer Ernennung eine Rolle, stammte doch jeweils die Hälfte der Parlamentarier aus einem der beiden Landesteile. Die ersten demokratischen Wahlen zum nordrhein-westfälischen Landtag fanden dann am 20. April 1947 statt. Sie ergaben einen knappen Stimmenvorsprung für die CDU, die sich aber zu einer Koalition mit der SPD und der Zentrumspartei gezwungen sah. Ministerpräsident wurde Karl Arnold (CDU).

Auch über eine Landesverfassung wurden auf Weisung der Briten seit November 1946 erste Beratungen geführt. Ein Entwurf für ein „vorläufiges Landesgrundgesetz" lag bereits im Januar des darauffolgenden Jahres vor, wurde jedoch aufgrund der ersten freien Landtagswahlen im April nicht weiter beraten. Der Innenminister leitete dem Landtag im November 1947 einen neuen Verfassungsentwurf zu, der jedoch von der KPD und der FDP abgelehnt wurde, die ihre jeweils eigenen

Entwürfe vorlegten. Auch zeigte sich, dass die Briten bestimmte Vorstellungen hinsichtlich der in die Verfassung aufzunehmenden Bestimmungen besaßen, auf die unbedingt Rücksicht genommen werden musste. Der Landtag bildete daraufhin einen eigenen Verfassungsausschuss, der über diese Frage weiter beraten sollte. Er musste allerdings seine Arbeit im Frühjahr 1949 vorläufig abbrechen, um die Fertigstellung des Grundgesetzes der Bundesrepublik Deutschland abzuwarten, das den Rahmen für die künftige Landesverfassung abstecken sollte.

Was dachten die Menschen in Nordrhein-Westfalen über die neuen politischen Verhältnisse, über das neue Haus, in das sie ohne eigenes Zutun verpflanzt worden waren? Die Antwort auf diese Frage fällt aus heutiger Sicht ernüchternd aus. Es ist davon auszugehen, dass es den meisten ziemlich egal war, unter welchem politischen System sie lebten. Sicher, man war froh, vom nationalsozialistischen Gewaltregime befreit worden zu sein, doch überzeugte Demokraten waren die Rheinländer und die Westfalen – wie im Übrigen auch die Deutschen insgesamt – noch lange nicht. Allen Bemühungen der Besatzungsmacht um demokratische Umerziehung zum Trotz blieben die meisten Menschen politisch indifferent. Sie hatten ja auch andere Sorgen, mussten zum Teil um das nackte Überleben kämpfen. Die Lebensmittelrationen, die jedem zustanden – und auch das häufig genug nur auf dem Papier –, waren völlig unzureichend. Man konnte sich glücklich schätzen, wenn man auf „Hamsterfahrten" in das umgebende Land im Tausch gegen persönliche Wertgegenstände von den Bauern eine Handvoll Kartoffeln, ein paar Eier oder gar ein Stück Speck ergatterte. Auch der Schwarzmarkt blühte. Hier gab es fast alles zu kaufen, was man in den Läden noch lange vergeblich suchte. Besonders begehrt waren Kaffee und Zigaretten. Letztere entwickelten sich sogar zur heimlichen Währung, denn die alte Reichsmark war völlig entwertet. Für Zigaretten konnte man alles bekommen, vor allem aber Lebensmittel.

Der Unmut, besser: die Verzweiflung über die materielle Not und vor allem den Hunger war so groß, dass es Ende März 1947 in Düsseldorf sogar zu einer Massendemonstration kam. Die Menschen trugen Plakate, auf denen man unter anderem lesen konnte: „Wir wollen keine Kalorien, wir wollen Brot". Dabei war den meisten nicht klar, dass man auch in weiten Teilen des Auslands hungerte. Auch in Großbritannien, dem Land der Sieger, waren Lebensmittel rationiert und blieben es auch noch länger als in Deutschland. In manchen Fällen konnten Lebensmittelpakete der amerikanischen Hilfsorganisation CARE die ärgste Not lindern. Auch Schulspeisungen wurden von ausländischen Institutionen organisiert.

Neben dem Hunger als täglichem Begleiter war es vor allem die Wohnungsnot, die den Menschen zu schaffen machte. Rund ein Drittel der Wohnbebauung in Nordrhein-Westfalen war durch den Bombenkrieg vernichtet worden. Viele hausten in improvisierten Unterkünften, in Gartenlauben oder in Häusern ohne Dach. Die Belegung der Wohnungen war zudem extrem hoch. Die Menschen mussten notgedrungen enger zusammenrücken, was nicht immer ohne Konflikte ausging. Dazu kam der Umstand, dass Abertausende von Flüchtlingen und Heimatvertriebenen aus den deutschen Ostgebieten ins Land kamen. Auch sie mussten ernährt und untergebracht werden, was zwangsläufig bei der einheimischen Bevölkerung Unmut hervorrief. Auch dies war ein gesamtdeutsches, keineswegs allein auf Nordrhein-Westfalen beschränktes Phänomen. Erst allmählich begann man zu begreifen, dass die Flüchtlinge auch wertvolle Arbeitskräfte waren, deren man für den anstehenden Wiederaufbau dringend bedurfte.

Das Grundgesetz und die Entstehung der Bundesrepublik

Die Konstituierung des neuen (west-)deutschen Staatswesens, das schließlich den Namen „Bundesrepublik Deutschland" tragen sollte, verlief in mehreren Etappen. Schon kurz nach dem Ende des Zweiten Weltkriegs waren zwischen den Briten und Amerikanern auf der einen und der Sowjetunion auf der anderen Seite unüberbrückbare Differenzen hinsichtlich der zukünftigen Gestaltung Deutschlands aufgetaucht. Eine von allen Alliierten getragene Lösung erschien wenig wahrscheinlich. Der wenig später so genannte „Kalte Krieg" zeichnete sich bereits ab. Da Briten und Amerikaner jedoch ähnlichen politischen Vorstellungen verpflichtet waren, bildeten ihre Besatzungszonen seit Ende 1946 die „Bizone", einen in erster Linie wirtschaftlichen Zusammenschluss, der ausdrücklich auf einen gemeinsamen deutschen Wirtschaftsraum abzielte. Dieser Vorgang traf auf den heftigen Widerstand nicht nur der Sowjets, sondern auch der Franzosen, die beide – wenngleich aus unterschiedlichen Gründen – ein wirtschaftlich geeintes Deutschland ablehnten. Die Franzosen gaben ihre ablehnende Haltung jedoch im August 1947 auf und schlossen sich mit ihrem Besatzungsgebiet der Bizone an, die dadurch zur „Trizone" wurde. Das Staatsgebiet der späteren Bundesrepublik war damit vorgegeben.

Ein weiterer wichtiger Schritt auf dem Weg zur Bildung eines eigenen westdeutschen Staates war die Währungsreform vom Juni 1948, also die Einführung der D-Mark in den drei westlichen Besatzungszonen. Während die Deutschen in ihrer Mehrheit die sie betreffenden politischen Vorgänge bislang eher mit Distanz oder Skepsis verfolgt hatten – nur wenige waren bereit, sich beim Aufbau neuer demokratischer Strukturen zu engagieren –, wurde die neue Währung einhellig begrüßt. Das hatte schlicht mit der Tatsache zu tun, dass damit ein Ende der Mangelwirtschaft in Sicht kam. Hatte es bis dahin an nahezu allen lebenswichtigen Gütern gefehlt, so waren schon am Tag nach der Währungsreform die Schaufenster gut gefüllt. Industrie und Handel hatten in Erwartung der neuen Währung ihre Güter und Waren zurückgehalten, um sie nicht für die weitgehend wertlos gewordene Reichsmark abgeben zu müssen. Auch wenn es den meisten vorerst noch an der erforderlichen Kaufkraft fehlte, diese Dinge auch zu erwerben, so bedeutete doch ihr bloßes Vorhandensein eine Verheißung für eine bessere Zukunft. Die D-Mark wurde darüber hinaus zum Symbol einer sich langsam entwickelnden (west-)deutschen Eigenstaatlichkeit, die dann im Mai 1949 Wirklichkeit wurde. Mit der Gründung der Bundesrepublik und der wenige Monate später erfolgenden Bildung der Deutschen Demokratischen Republik (DDR) auf dem Boden der sowjetischen Besatzungszone wurde freilich auch die deutsche Teilung zur unumstößlichen Tatsache.

Der eigentlichen Gründung des westdeutschen Staates waren lange Beratungen über dessen künftige Verfassung vorausgegangen. Sie wurden seit September 1948 im neugebildeten „Parlamentarischen Rat" geführt, dem Vertreter aller westdeutschen Landesparlamente angehörten. Dass dieses Gremium im rheinischen Bonn zusammenkam, war dem Einfluss seines Präsidenten, des CDU-Politikers Konrad Adenauer, zuzuschreiben, der seinen Wohnsitz im nahen Rhöndorf hatte. Wie sich wenig später zeigen sollte, war damit auch schon eine Vorentscheidung über die künftige Hauptstadt der Bundesrepublik gefallen. Bei den Beratungen über das Grundgesetz waren vor allem die negativen Erfahrungen mit der Weimarer Reichsverfassung aus dem Jahre 1919 ausschlaggebend, obwohl wesentliche Elemente dieser Verfassung auch für das Grundgesetz vorbildlich waren. So wurde die Stellung des Bundespräsidenten, der im Übrigen nicht direkt vom Volk gewählt wird, bewusst auf repräsentative Funktionen beschränkt. Eine „Präsidialdiktatur" wie zu Zeiten der Weimarer Republik sollte nie wieder möglich sein. Demgegenüber wurde die Stellung des Bundeskanzlers aufgewertet. Er ist es, der die „Richtlinien der Politik" vorgibt. Vom Parlament gewählt, kann der Bundeskanzler nur unter ganz bestimmten Voraussetzungen durch das so genannte „konstruktive Misstrauensvotum" vom Bundestag wieder abgesetzt werden; gleichzeitig muss aber ein neuer Kanzler gewählt werden. Kanzlerlose Übergangszeiten, wie es sie zwischen 1919 und 1932 häufiger gegeben hatte, waren damit ausgeschlossen. So wurde außerdem die Grundlage für stabile Regierungen gelegt und ständigen Neuwahlen, wie sie bis 1933 an der Tagesordnung waren, ein Riegel vorgeschoben. Dem gleichen Ziel diente auch die Einführung einer Fünfprozenthürde, deren Überschreiten einer Partei erst den Einzug in den Bundestag ermöglicht. Sie hat bis heute wirksam die Zersplitterung des Parlaments in kleine und kleinste Fraktionen verhindert. Ganz zentral war auch die Einrichtung des Bundesverfassungsgerichts, das die gesetzgeberische Arbeit des Bundestags überwacht und gegebenenfalls nicht verfassungskonforme Gesetze aufheben kann.

Ein besonders heikler Punkt bei den Beratungen zum Grundgesetz war das Verhältnis zwischen dem Bund und den Ländern. Da die meisten Länder vor der Gründung der Bundesrepublik bereits existierten, waren ihnen Kompetenzen zugewachsen, die eigentlich in die Hand des Bundes gehörten. Auch enthielten die Landesverfassungen, wo es solche bereits gab, teilweise Bestimmungen, die von denjenigen des Grundgesetzes abwichen. So war etwa in mehreren Verfassungen ein

„Recht auf Arbeit“ festgeschrieben, das keine Entsprechung im Grundgesetz der Bundesrepublik findet. Der starken Stellung der Länder wurde insofern Rechnung getragen, als sie über die Institution des Bundesrats Einfluss auf die Gesetzgebung der Bundesrepublik nehmen können. Ein später eingefügter Artikel des Grundgesetzes (91a) regelte dann die Mitwirkung des Bundes bei Gemeinschaftsaufgaben.

Das Grundgesetz geht zwar unbestritten von einer Gliederung der Bundesrepublik in Länder aus, kennt also einen föderalen Staatsaufbau, doch über die Zahl dieser Länder und ihren geographischen Zuschnitt wird nichts gesagt. Mit anderen Worten: Keines der Länder besaß oder besitzt eine Bestandsgarantie. Sollte es im übergeordneten Staatsinteresse erforderlich sein, die Länder neu zu ordnen, so ist dies ohne Weiteres möglich. In diesem Zusammenhang sei daran erinnert, dass etwa das Land Baden-Württemberg erst 1952 durch den Zusammenschluss dreier bislang unabhängig voneinander bestehender Länder entstand. 1996 wurde auch per Volksentscheid der Versuch unternommen, die Länder Berlin und Brandenburg zusammenzuschließen, was allerdings am überwiegenden Widerstand der Bevölkerung in beiden Ländern scheiterte.

Auf dem Weg zur Landesverfassung Nordrhein-Westfalens

Unbestritten war mit dem Inkrafttreten des Grundgesetzes am 23. Mai 1949 der Rahmen vorgegeben, innerhalb dessen sich die noch zu schaffende Verfassung des Landes Nordrhein-Westfalen bewegen konnte. Doch der Weg bis zur endgültigen Verabschiedung der Landesverfassung war dornenreich.

Innerhalb der Düsseldorfer Koalition gab es immer größere Differenzen zwischen den Parteien hinsichtlich der inhaltlichen Ausgestaltung der Verfassung. Außerdem existierten innerhalb der Regierung zwei konkurrierende Verfassungsentwürfe, nachdem Ministerpräsident Arnold dem ursprünglichen Entwurf des Innenministers einen eigenen gegenübergestellt hatte. In dem sich anschließenden, langwierigen Beratungsverfahren im Verfassungsausschuss kamen auch außerparlamentarische Gruppen zu Wort, so die Kirchen und die Gewerkschaften. Nicht zu vergessen ist schließlich, dass auch die britische Militärregierung Mitspracherechte hatte. Nach insgesamt 22 Sitzungen des Verfassungsausschusses wurde die Vorlage dem Landtag zur Entscheidung vorgelegt. Nach der dritten Lesung wurde die Verfassung schließlich am 5. Juni 1950 mit einer denkbar knappen Mehrheit von nur dreizehn Stimmen angenommen. Dagegen stimmten SPD, FDP und KPD, wenn auch aus jeweils unterschiedlichen Gründen. Ehe die Verfassung jedoch in Kraft gesetzt werden konnte, war auf Anweisung der Briten ein Volksentscheid darüber vorgesehen. Volksentscheide und Volksbegehren, also Elemente der direkten Demokratie, waren im Übrigen Bestandteil der Verfassungsbestimmungen. Das Grundgesetz kennt ein solches direktes Mitwirkungsverfahren der Bevölkerung an politischen Entscheidungen bis auf den Ausnahmeartikel 29 (Neugliederung der Länder) nicht. Dieser Volksentscheid, der gleichzeitig mit den Landtagswahlen am 18. Juni stattfand, ergab mit 62 Prozent der abgegebenen Stimmen eine einfache Mehrheit für die Annahme der Verfassung. Wenn es in der Präambel heißt, „die Männer und Frauen des Landes Nordrhein-Westfalen" hätten sich diese Verfassung gegeben, so ist dies also mehr als eine bloße Floskel. Am 11. Juli 1950 ist diese Verfassung dann schließlich in Kraft getreten.

Nun hatte also auch das Land Nordrhein-Westfalen nach vier Jahren seines Bestehens eine Verfassung. Oder, um es bildlich auszudrücken, das gemeinsame Haus der Menschen im Rheinland und in Westfalen hatte endlich ein Dach bekommen. Von Zeit zu Zeit ist es jedoch nötig, so wie hier, an diese Verfassung zu erinnern, denn den meisten Menschen ist ihre Existenz überhaupt nicht mehr bewusst. Man kann das aber auch als gutes Zeichen werten: Die in der Verfassung verankerten Werte sind so allgemein akzeptiert, dass es eines geschriebenen Textes gar nicht mehr bedarf, um das individuelle wie auch das gemeinschaftliche Verhalten daran auszurichten.

Die Landesverfassung lehnt sich über weite Strecken an die Weimarer Verfassung des Jahres 1919, die Verfassung des Landes Preußen von 1920 und natürlich an das Grundgesetz an, hat aber doch auch einen eigenständigen Charakter, der sie als Verfassung des Landes Nordrhein-Westfalen kennzeichnet. Eben war schon vom Element der direkten Demokratie in Form der Abhaltung von Volksentscheiden und Volksbegehren die Rede. Allerdings war der Volksentscheid vom 18. Juni 1950 auch das einzige Mal in der bisherigen Geschichte des Landes, dass dieses politische Instrument erfolgreich zum Einsatz gekommen ist. Auch das Volksbegehren, die vorgelagerte Form direkter Mitsprache der Wähler, ist nur zwei Mal abgehalten worden. 1974 wurde die sogenannte „Aktion Bürgerwille" gegen die kommunale Gebietsreform durchgeführt, die jedoch die geforderte Zahl von Stimmberechtigten verfehlte. Im Jahre 1978 ging es dann um die Ablehnung der von der Landesregierung geplanten „Kooperativen Schule". Dieser Vorgang, der damals die Gemüter mächtig erhitzte, ist heute weitgehend in Vergessenheit geraten, obwohl diesem Volksbegehren damals eine beachtliche politische Wirkung zugesprochen wurde. Volksentscheide und -begehren haben seither nur auf der kommunalen Ebene Bedeutung. Hier sind die Probleme auch für jede Bürgerin und jeden Bürger unmittelbar einsichtig, weil sie das unmittelbare Lebensumfeld der Menschen betreffen. Grundsatzprobleme auf Landesebene sind hingegen oft kompliziert und deswegen schwer zu vermitteln.

Die Grundrechte, eigentlich zentraler Bestandteil jeder modernen demokratischen Verfassung, werden allerdings einleitend nur ganz allgemein und nicht im Einzelnen angesprochen. Artikel 4 begnügt sich hier mit dem Hinweis, dass die im Grundgesetz der Bundesrepublik Deutschland festgelegten Grundrechte und staatsbürgerlichen Rechte auch Bestandteil der Landesverfassung und damit unmittelbar geltendes Landesrecht sind. Über diesen Punkt ist in den vorangehenden Beratungen des Verfassungsausschusses lange gerungen worden. Nicht wenige Abgeordnete waren der Meinung, die Bundesrepublik und mit ihr auch das Grundgesetz seien provisorische Einrichtungen und nicht auf Dauer gestellt. Man tue also gut daran, den Grundrechtekatalog, also etwa die Meinungs- und Versammlungsfreiheit, die Gleichberechtigung der Geschlechter oder die Religionsfreiheit, auch in die Verfassung Nordrhein-Westfalens aufzunehmen. Schließlich setzten sich aber diejenigen durch, die aus Gründen der Konzentration auf das für das Land Wesentliche eine nochmalige Auflistung des Grund- und Menschenrechte für verzichtbar hielten. Sie haben damit rückblickend Recht behalten, denn aus dem „Provisorium" Bundesrepublik ist spätestens mit der Wiedervereinigung im Jahre 1990 ein Staatswesen geworden, das seine Dauerhaftigkeit bewiesen hat.

Ein Grundrecht ist im Übrigen erst später in die Landesverfassung aufgenommen worden. Es handelt sich dabei um den in Artikel 4 Absatz 2 festgelegten Datenschutz. Diese zusätzliche Bestimmung stammt bereits aus dem Jahre 1978, also aus einer Zeit, in der die Möglichkeiten moderner elektronischer

Datenerfassung noch nicht einmal in Umrissen bekannt waren. Unter den übrigen Bundesländern kennt übrigens nur das Saarland den Datenschutz als Verfassungsrecht.

Das „Recht auf Arbeit" für jedermann, von dem im Artikel 24 die Rede ist, darf allerdings nicht als ein einklagbares Grundrecht verstanden werden. Eine Arbeitsplatzgarantie verbindet sich damit nicht. Diese Bestimmung ist eher so zu verstehen, dass es zu den zentralen Aufgaben des Landes gehört, Arbeitsplätze zu erhalten und zu schaffen – wie überhaupt „im Mittelpunkt des Wirtschaftslebens das Wohl des Menschen (steht)". Diese Formulierung ist insofern beachtenswert, als damals das wirtschaftliche Herz der Bundesrepublik noch mehr oder weniger ausschließlich in Nordrhein-Westfalen schlug. Hier, vor allem im Ruhrgebiet, wurden die Grundlagen für den Wiederaufbau des kriegszerstörten Landes gelegt. Man hatte darüber aber nicht vergessen, dass es maßgeblich die Konzerne des Ruhrgebiets gewesen waren, die den Nationalsozialisten den Weg zur Macht geebnet hatten, unter anderem durch nicht geringe finanzielle Unterstützung. Es herrschte also noch ein gewisses Misstrauen gegenüber der Großindustrie, das seinen Niederschlag auch in der Verfassung fand. In gleichem Sinne ist es auch zu verstehen, dass in Artikel 27 die Möglichkeit eröffnet wird, industrielle Großbetriebe im Fall eines Missbrauchs ihrer Stellung in Gemeineigentum zu überführen. Das klingt beinahe nach Sozialismus, ist aber in erster Linie als Ergebnis der Erfahrungen mit der Zeit des Nationalsozialismus zu verstehen. Gerade dieser Passus hat maßgeblich dazu geführt, dass die Landesverfassung im Jahre 1950 sowohl von der KPD als auch von der FDP abgelehnt wurde. Den einen ging er nicht weit genug, den anderen ging er zu weit.

Ein wichtiger und zwischen den Parteien besonders umstrittener Teil der Verfassung betrifft das Schulwesen. Das Kultus-

und Erziehungswesen ist einer der wenigen gesellschaftlichen Bereiche, in denen den Ländern eine eigene Hoheit zukommt, die vom Bund allenfalls durch Rahmenbestimmungen beeinflusst werden kann. In dieser Frage stimmten die CDU und das Zentrum, die Partei des politischen Katholizismus, darin überein, dass die Bekenntnisschule zur Regelschule gemacht werden sollte. Die Grund- und die Hauptschulen (damals „Volksschulen" genannt) sollten einem der beiden großen christlichen Bekenntnisse angehören. Daneben sollte es zwar auch so genannte „Gemeinschaftsschulen" geben, die Angehörigen beider Bekenntnisse offenstanden, doch eben nur als Ausnahme, nicht als Regelfall. Dagegen erhob vor allem die SPD energischen Protest. Sie hatte schon seit Jahrzehnten eine Position vertreten, die auf einer strikten Trennung von Staat und Kirche beharrte. Folglich konnten ihre Abgeordneten die katholische oder evangelische Prägung der Grundschulen nicht gutheißen. Aber angesichts der bestehenden Mehrheitsverhältnisse im Landtag konnte sich die SPD mit ihren Vorstellungen nicht durchsetzen. Folgerichtig lehnten ihre Abgeordneten auch die Annahme der Verfassung ab. Erst im Februar 1968 wurde der Artikel 12 der Landesverfassung dahin gehend geändert, dass die Grund- und Hauptschulen (diese beiden Schulformen wurden damals erst geschaffen) künftig Gemeinschaftsschulen sein sollten, in denen Schülerinnen und Schüler aller Bekenntnisse – auch der nicht-christlichen – gemeinsam unterrichtet werden sollten. Lediglich auf besonderen Antrag der Eltern konnten auch weiterhin im Grundschulbereich Bekenntnisschulen weitergeführt werden, wenn sie die Gewähr für einen ordnungsgemäßen Schulbetrieb boten.

Die Verfassung enthält natürlich auch Bestimmungen über die politischen Institutionen im Lande: über den Ministerpräsidenten, die Regierung und den Landtag. Hier folgt sie weitgehend dem Grundgesetz. Die Stellung des Ministerpräsidenten ist also vergleichbar mit derjenigen des Bundeskanzlers, die Länderminister haben ähnliche Befugnisse wie ihre Kollegen im Bund, ebenso wie die Landtagsabgeordneten durch freie und geheime Wahlen bestimmt werden. Seit 1969 beträgt die Dauer einer Wahlperiode in Nordrhein-Westfalen allerdings fünf Jahre, während die Abgeordneten des Bundestags nur für vier Jahre gewählt werden. Auch ein Landesverfassungsgerichtshof wurde geschaffen. Er hat seinen Sitz in Münster und soll, genau wie das Bundesverfassungsgericht in Karlsruhe, die Gesetzgebung auf ihre Verfassungsgemäßheit überprüfen.

Insgesamt 92 Artikel hat die Landesverfassung Nordrhein-Westfalens. Das Grundgesetz hat dagegen 141. Dieser unterschiedliche Umfang erklärt sich zum einen dadurch, dass manche Bestimmungen des Grundgesetzes einfach pauschal und ohne Aufzählung im Einzelnen Bestandteile der Landesverfassung wurden (so etwa die Grund- und Menschenrechte). Zum anderen verfügt der Bund eben über weitaus größere Befugnisse als die Länder, was eine entsprechend höhere Zahl an Einzelbestimmungen erforderlich macht.

Verfassungsänderungen

Verfassungen, ganz gleich, um welche es sich handeln mag, erheben zwangsläufig den Anspruch der Dauerhaftigkeit. Das heißt aber nicht, dass die einzelnen Bestimmungen der Verfassung auf ewig gültig sind oder dass sie ein Korsett bilden, in das sich Staat und Gesellschaft zwängen lassen müssen. Verfassungen sind lebendige Gebilde, die sich den wechselnden Zeiterfordernissen anpassen können und müssen. Das gilt sicherlich nicht für den Katalog der Menschen- und Grundrechte, den sie enthalten. Diese sind von allgemeiner Gültigkeit und zeitlich ungebunden. Aber andere Artikel können im Lauf der Zeit ihre Bedeutung verlieren – wie am Beispiel des Schulwesens gezeigt. Wieder andere Erfordernisse waren zum Zeitpunkt des Inkrafttretens der Verfassung überhaupt noch nicht abzusehen, wie wir am Beispiel des Datenschutzes gesehen haben. Mit Recht hat der Gesetzgeber aber die Hürden, die für eine Änderung der Verfassung aufgebaut sind, recht hoch gesetzt. Eine einfache Mehrheit der Abgeordneten kann noch nicht über eine Verfassungsänderung oder -ergänzung entscheiden. Es müssen zwei Drittel der Abgeordneten zustimmen, das gilt für das Grundgesetz ebenso wie für die Verfassung des Landes Nordrhein-Westfalen. Da aber angesichts unserer politischen Verhältnisse kaum zu erwarten ist, dass eine einzige Partei zwei Drittel aller Abgeordneten stellt (selbst bei Koalitionen ist dies äußerst selten), können Verfassungsänderungen also nur dann durchgesetzt werden, wenn sie parteiübergreifend auf Zustimmung stoßen. Als zusätzliches Kontrollorgan wacht überdies der Landesverfassungsgerichtshof in Münster darüber, dass solche Änderungen auch mit dem Geist der Verfassung übereinstimmen. In den ersten Jahren nach der Landesgründung (bis 1955) waren es ferner die Vertreter der britischen Besatzungsmacht, die ihre Zustimmung geben mussten.

Grundgesetzänderungen hat es in der Vergangenheit zahlreiche gegeben. Nicht selten verschoben sie die Gewichte zwischen Bund und Ländern einseitig zugunsten des Bundes. Aber auch die nordrhein-westfälische Verfassung hat im Laufe der Jahrzehnte Änderungen und Ergänzungen erfahren. Allein in den ersten 40 Jahren ihrer Gültigkeit waren es 14 Änderungen. Die Initiative zur Änderung der Verfassung kann entweder von der Landesregierung oder aber vom Landtag ausgehen, wobei im letzteren Fall natürlich die jeweilige Opposition aufgrund der bestehenden Mehrheitsverhältnisse wenig Aussichten hat, ihr Vorhaben durchzusetzen.

Das musste im Jahre 1954 bereits die KPD erfahren, die damals den Antrag stellte, das Wahlalter auf 18 Jahre herabzusetzen, während in Artikel 31 der Verfassung ein Mindestalter von 21 Jahren für die aktive Teilnahme an den Wahlen vorgeschrieben war. Die Initiative der KPD wurde nach kurzer Beratung verworfen, weil außer den Kommunisten keine Partei für eine solche Änderung stimmte. Im Jahre 1969 ist Artikel 31 der Verfassung dann doch geändert worden, diesmal von einer breiten Mehrheit des Landtags getragen. Seither darf man in Nordrhein-Westfalen, wie seit 1972 (aktiv) beziehungsweise 1975 (passiv) auch in der Bundesrepublik insgesamt, ab 18 Jahren von seinem Wahlrecht Gebrauch machen.

Eine breite Mehrheit fand auch jene Verfassungsänderung, durch die 1985 der Umweltschutz zum Staatsziel mit Verfassungsrang erklärt wurde (Artikel 29a). Das Bewusstsein für die grundsätzliche Bedeutung des Umweltschutzes war damals schon derart allgemein verbreitet, dass die entsprechende Verfassungsänderung mit nur einer Gegenstimme vom Landtag angenommen wurde. Auch in dieser Frage war Nordrhein-Westfalen – wie zuvor schon beim Datenschutz – Vorreiter, denn seither hat der Umweltschutz Eingang in eine ganze Reihe weiterer Landesverfassungen gefunden. Bezeichnenderweise befand sich aber 1985, als der Umweltschutz zum Staatsziel erklärt wurde, die Schwerindustrie des Ruhrgebiets, die für die meisten Umweltschäden der Vergangenheit gesorgt hatte, bereits im Stadium fortgeschrittenen Niedergangs. Es erschien daher also auch wirtschaftlich vertretbar, den Umweltschutzgedanken aufzuwerten. Der „blaue Himmel über der Ruhr", den Willy Brandt einst gefordert hatte, ist mittlerweile Realität geworden.

Gibt es den „Nordrhein-Westfalen"?

Das Land Nordrhein-Westfalen besitzt eine eigene Flagge in den Farben Grün-Weiß-Rot. Diese Flagge ist aber erst 1953, also drei Jahre nach Inkrafttreten der Verfassung, bestimmt worden. Im Gegensatz dazu ist das Landeswappen bereits 1947, kurz nach der Landesgründung, geschaffen worden. Es zeigt auf der rechten Seite einen stilisierten silbernen Rhein auf grünem Grund und links das in Weiß gehaltene westfälische Ross auf rotem Grund. Im unteren Teil des Wappens ist die rote lippische Rose auf weißem Grund zu sehen. Das ehemals selbständige Land Lippe-Detmold hat sich bekanntlich erst zu Beginn des Jahres 1947 Nordrhein-Westfalen angeschlossen. Obschon es sich um den kleinsten Landesteil handelt, haben die Lipper ein hohes Maß an Eigenständigkeitsbewusstsein bewahrt und sind sich der Tatsache ihrer ehemaligen Selbständigkeit wohl bewusst. Im Gegensatz dazu kann man wahrscheinlich nur eingeschränkt von einem nordrhein-westfälischen Landesbewusstsein sprechen. Die Menschen fühlen sich eher als Rheinländer oder als Westfalen. Einen typischen „Nordrhein-Westfalen" findet man eher nicht. Das macht einen Unterschied zu solchen Ländern aus, die über eine jahrhundertealte Geschichte verfügen und bei deren Bewohnern ein Landesbewusstsein fest verankert ist.

Es hat nicht an Versuchen gefehlt, ein solches ausgeprägtes Landesbewusstsein auch in Nordrhein-Westfalen zu schaffen. Zeitweilig wurde sogar daran gedacht, eine eigene Landeshymne zu komponieren, die bei offiziellen Anlässen gesungen werden sollte. Daraus ist bekanntlich nichts geworden, und so müssen die Menschen hier ohne Hymne leben. Auch die Schaffung eines Landesordens, den der Ministerpräsident für besondere Verdienste um Nordrhein-Westfalen vergeben kann, diente dem Ziel, den Zusammenhalt zwischen den zwei (oder besser: drei) Landesteilen zu stärken. Ob man diesem Ziel entscheidend nähergekommen ist, soll hier nicht weiter erörtert werden. Tatsache ist, dass (Nord-)Rheinländer und Westfalen verschiedene Mentalitäten haben, die auch im Alltag zu beobachten sind. Die beiden Kabarettisten Jürgen Becker und Rüdiger Hoffmann, selbst jeweils unterschiedlicher Landsmannschaft, haben ein gemeinsames Programm vor einigen Jahren unter das Motto gestellt: „Es ist furchtbar, aber es geht". Damit wollten sie nicht zuletzt zum Ausdruck bringen, dass bei aller Gegensätzlichkeit zwischen den Landesteilen doch niemand an eine Trennung glaubt oder sie gar herbeiwünscht. Das war bei der Gründung Nordrhein-Westfalens noch anders. Nur wenige haben damals an eine dauerhafte Existenz dieser Neuschöpfung geglaubt. Selbst manche Landespolitiker gingen von einer baldigen Trennung aus. Namentlich unter den Westfalen war die Anhänglichkeit an die alte preußische Provinz gleichen Namens ausgeprägt. Heute, nach mehr als sechzig Jahren des Zusammenlebens im gemeinsamen Haus Nordrhein-Westfalen, haben die Menschen ihren Frieden mit dem anfangs ungeliebten Staatswesen gemacht.

Natürlich gibt es hier und da Grund zur Klage. Vor allem aus Westfalen sind immer wieder Stimmen zu vernehmen, das Land sei zu stark „rheinlandbezogen". In der Tat lässt sich nicht bestreiten, dass die Landeshauptstadt Düsseldorf in Nordrhein liegt, dass der Westdeutsche Rundfunk (WDR) seinen Sitz in Köln hat und sich eine ganze Reihe weiterer zentraler Institutionen im Rheinland befinden. Dem hat die Landesregierung in den vergangenen Jahren entgegenzuwirken versucht, indem sie einige Landesbehörden nach Westfalen verlegte. Auch der WDR hat durch die Gründung von Landesstudios die Regionalisierung seines Programmangebots weiter ausgebaut.

Andererseits gibt es noch immer Institutionen, die sich ausschließlich auf einen der beiden Landesteile beziehen. Hier wirkt die alte preußische Provinzialgrenze immer noch nach. So gibt es einen Landschaftsverband Westfalen-Lippe und einen Landschaftsverband Rheinland, die Ärztekammer gliedert sich in einen westfälisch-lippischen und einen nordrheinischen Zweig. Auch Wirtschaftsverbände sind auf jeweils einen der beiden Landesteile bezogen. Für die Evangelische Kirche im Rheinland ist schließlich die gesamte ehemalige Rheinprovinz, von Saarbrücken im Süden bis Emmerich im Norden, räumliche Bezugsgröße.

Zukunft in Europa

Seit der Wiedervereinigung im Oktober 1990 haben sich die innerdeutschen Gewichte verschoben. Kann man für die Jahrzehnte zuvor von der Bundesrepublik als einer „Rheinischen Republik" sprechen, die ihr politisches Zentrum im rheinischen Bonn hatte, so ist der Schwerpunkt der neuen „Berliner Republik" ein ganzes Stück weit gen Osten verschoben worden. Nordrhein-Westfalen ist damit, betrachtet man dieses Land aus der Berliner Perspektive, an den westlichen Rand der Bundesrepublik gerückt. Das hatte notwendigerweise Konsequenzen für die nordrhein-westfälische Politik. Sie ist in den vergangenen Jahren bestrebt gewesen, das Land stärker mit seinen westlichen Nachbarn, vor allem mit den Benelux-Staaten (Belgien, Niederlande, Luxemburg), zu verbinden. In diesem wirtschaftlich starken Raum leben zusammen mehr als 40 Millionen Menschen, davon knapp die Hälfte allein in Nordrhein-Westfalen. Ein offizieller Beitritt zur Benelux-Gemeinschaft, wie er anfänglich in Betracht gezogen wurde, kommt freilich nicht in Frage.

Verträge von solch großer Tragweite können nur zwischen souveränen Staaten geschlossen werden, aber souverän, also eigenständig in seiner Politik, ist Nordrhein-Westfalen nun einmal nicht. Es ist und bleibt ein Gliedstaat der Bundesrepublik, ohne die es für das Land keine Existenzberechtigung gäbe. Der engere Zusammenschluss mit den westlichen Nachbarn muss sich also auf anderen Wegen vollziehen. Er ist in jedem Fall eingebunden in den Prozess der europäischen Einigung, der in absehbarer Zeit sogar eine neue Verfassung hervorbringen könnte – dieses Mal eine europäische.

Professor Dr. Jörg Engelbrecht

ÜBERSICHT ÜBER DIE ARTIKEL DER VERFASSUNG FÜR DAS LAND NORDRHEIN-WESTFALEN

Dritter Abschnitt
Schule, Kunst und Wissenschaft, Sport, Religion und Religionsgemeinschaften

Vierter Abschnitt
Arbeit, Wirtschaft, Umwelt

Dritter Teil
Von den Organen und Aufgaben des Landes

Erster Abschnitt
Der Landtag

Zweiter Abschnitt
Die Landesregierung

Dritter Abschnitt
Die Gesetzgebung

VERFASSUNG FÜR DAS LAND NORDRHEIN-WESTFALEN

Vom 28. Juni 1950
zuletzt geändert durch Art. I G zur Änderung der Verfassung für das Land NRW und zur Regelung eines Kostenfolgeabschätzungs- und eines Beteiligungsverfahrens gemäß Art. 78 Abs. 3 der Verfassung für das Land NRW vom 22. Juni 2004

Der Landtag Nordrhein-Westfalen hat am 6. Juni 1950 folgendes Gesetz beschlossen, das gemäß Artikel 90 am 18. Juni 1950 durch Volksentscheid von der Mehrheit der Abstimmenden bejaht worden ist:

Präambel

In Verantwortung vor Gott und den Menschen, verbunden mit allen Deutschen, erfüllt von dem Willen, die Not der Gegenwart in gemeinschaftlicher Arbeit zu überwinden, dem inneren und äußeren Frieden zu dienen, Freiheit, Gerechtigkeit und Wohlstand für alle zu schaffen, haben sich die Männer und Frauen des Landes Nordrhein-Westfalen diese Verfassung gegeben:

Erster Teil
Von den Grundlagen des Landes

Art. 1 [Bundesland; Gliederung; Symbole]

(1) Nordrhein-Westfalen ist ein Gliedstaat der Bundesrepublik Deutschland. Das Land gliedert sich in Gemeinden und Gemeindeverbände.

(2) Die Landesfarben und das Landeswappen werden durch Gesetz bestimmt.

Art. 2 [Volkskompetenzen]
Das Volk bekundet seinen Willen durch Wahl, Volksbegehren und Volksentscheid.

Art. 3 [Gewaltenteilung]
(1) Die Gesetzgebung steht dem Volk und der Volksvertretung zu.
(2) Die Verwaltung liegt in den Händen der Landesregierung, der Gemeinden und der Gemeindeverbände.
(3) Die Rechtsprechung wird durch unabhängige Richter ausgeübt.

Zweiter Teil
Von den Grundrechten und der Ordnung des Gemeinschaftslebens

Erster Abschnitt
Von den Grundrechten

Art. 4 [Grundrechte des Grundgesetzes]
(1) Die im Grundgesetz für die Bundesrepublik Deutschland in der Fassung vom 23. Mai 1949 festgelegten Grundrechte und staatsbürgerlichen Rechte sind Bestandteil dieser Verfassung und unmittelbar geltendes Landesrecht.
(2) Jeder hat Anspruch auf Schutz seiner personenbezogenen Daten. Eingriffe sind nur in überwiegendem Interesse der Allgemeinheit auf Grund eines Gesetzes zulässig.

Zweiter Abschnitt
Die Familie

Art. 5 [Ehe und Familie]

(1) Ehe und Familie werden als die Grundlagen der menschlichen Gesellschaft anerkannt. Sie stehen unter dem besonderen Schutz des Landes. Die Mutterschaft und die kinderreiche Familie haben Anspruch auf besondere Fürsorge.
(2) Familien- und Erwerbsarbeit sind gleichwertig. Frauen und Männer sind entsprechend ihrer Entscheidung an Familien- und Erwerbsarbeit gleichberechtigt beteiligt.

Art. 6 [Kinder- und Jugendschutz]

(1) Jedes Kind hat ein Recht auf Achtung seiner Würde als eigenständige Persönlichkeit und auf besonderen Schutz von Staat und Gesellschaft.
(2) Kinder und Jugendliche haben ein Recht auf Entwicklung und Entfaltung ihrer Persönlichkeit, auf gewaltfreie Erziehung und den Schutz vor Gewalt, Vernachlässigung und Ausbeutung. Staat und Gesellschaft schützen sie vor Gefahren für ihr körperliches, geistiges und seelisches Wohl. Sie achten und sichern ihre Rechte, tragen für altersgerechte Lebensbedingungen Sorge und fördern sie nach ihren Anlagen und Fähigkeiten.
(3) Allen Jugendlichen ist die umfassende Möglichkeit zur Berufsausbildung und Berufsausübung zu sichern.
(4) Das Mitwirkungsrecht der Kirchen und Religionsgemeinschaften sowie der Verbände der freien Wohlfahrtspflege in den Angelegenheiten der Familienförderung, der Kinder- und Jugendhilfe bleibt gewährleistet und ist zu fördern.

Dritter Abschnitt
Schule, Kunst und Wissenschaft, Sport, Religion und Religionsgemeinschaften

Art. 7 [Erziehungsziele]

(1) Ehrfurcht vor Gott, Achtung vor der Würde des Menschen und Bereitschaft zum sozialen Handeln zu wecken, ist vornehmstes Ziel der Erziehung.

(2) Die Jugend soll erzogen werden im Geiste der Menschlichkeit, der Demokratie und der Freiheit, zur Duldsamkeit und zur Achtung vor der Überzeugung des anderen, zur Verantwortung für Tiere und die Erhaltung der natürlichen Lebensgrundlagen, in Liebe zu Volk und Heimat, zur Völkergemeinschaft und Friedensgesinnung.

Art. 8 [Recht der Eltern; Schulpflicht]

(1) Jedes Kind hat Anspruch auf Erziehung und Bildung. Das natürliche Recht der Eltern, die Erziehung und Bildung ihrer Kinder zu bestimmen, bildet die Grundlage des Erziehungs- und Schulwesens. Die staatliche Gemeinschaft hat Sorge zu tragen, daß das Schulwesen den kulturellen und sozialen Bedürfnissen des Landes entspricht.

(2) Es besteht allgemeine Schulpflicht. Das Nähere regelt ein Gesetz.

(3) Land und Gemeinden haben die Pflicht, Schulen zu errichten und zu fördern. Das gesamte Schulwesen steht unter der Aufsicht des Landes. Die Schulaufsicht wird durch hauptamtlich tätige, fachlich vorgebildete Beamte ausgeübt.

(4) Für die Privatschulen gelten die Bestimmungen des Artikels 7 Abs. 4 und 5 des Grundgesetzes der Bundesrepublik Deutschland vom 23. Mai 1949 zugleich als Bestandteil dieser Verfassung. Die hiernach genehmigten Privatschulen haben die

gleichen Berechtigungen wie die entsprechenden öffentlichen Schulen. Sie haben Anspruch auf die zur Durchführung ihrer Aufgaben und zur Erfüllung ihrer Pflichten erforderlichen öffentlichen Zuschüsse.

Art. 9 [Schulgeld]

(1) Schulgeld wird nicht erhoben.

(2) Einführung und Durchführung der Lehr- und Lernmittelfreiheit für alle Schulen sind gesetzlich zu regeln. Zum Zwecke des Studiums sind im Bedarfsfalle besondere Unterhaltsbeihilfen zu gewähren. Soweit der Staat für die öffentlichen Schulen Schulgeldfreiheit gewährt, sind auch die in Artikel 8 Abs. 4 genannten Privatschulen berechtigt, zu Lasten des Staates auf die Erhebung von Schulgeld zu verzichten; soweit er Lehr- und Lernmittelfreiheit gewährt, sind Lehr- und Lernmittel in gleicher Weise für diese Privatschulen zur Verfügung zu stellen wie für die öffentlichen Schulen.

Art. 10 [Gliederung des Schulwesens]

(1) Das Schulwesen des Landes baut sich auf einer für alle Kinder verbindlichen Grundschule auf. Das Schulwesen wird durch die Mannigfaltigkeit der Lebens- und Berufsaufgaben bestimmt. Das Land gewährleistet ein ausreichendes und vielfältiges öffentliches Schulwesen, das ein gegliedertes Schulsystem, integrierte Schulformen sowie weitere andere Schulformen ermöglicht. Für die Aufnahme in eine Schule sind Anlage und Neigung des Kindes maßgebend, nicht die wirtschaftliche Lage und die gesellschaftliche Stellung der Eltern.

(2) Die Erziehungsberechtigten wirken durch Elternvertretungen an der Gestaltung des Schulwesens mit.

Art. 11 [Staatsbürgerkunde]
In allen Schulen ist Staatsbürgerkunde Lehrgegenstand und staatsbürgerliche Erziehung verpflichtende Aufgabe.

Art. 12 [Grund- und Hauptschule]
(1) Schulen müssen entsprechend ihren Bildungszielen nach Organisation und Ausstattung die Voraussetzungen eines geordneten Schulbetriebs erfüllen.
(2) Grundschulen sind Gemeinschaftsschulen, Bekenntnisschulen oder Weltanschauungsschulen. Auf Antrag der Erziehungsberechtigten sind, soweit ein geordneter Schulbetrieb gewährleistet ist, Grundschulen einzurichten.
(3) In Gemeinschaftsschulen werden Kinder auf der Grundlage christlicher Bildungs- und Kulturwerte in Offenheit für die christlichen Bekenntnisse und für andere religiöse und weltanschauliche Überzeugungen gemeinsam unterrichtet und erzogen. In Bekenntnisschulen werden Kinder des katholischen oder des evangelischen Glaubens oder einer anderen Religionsgemeinschaft nach den Grundsätzen des betreffenden Bekenntnisses unterrichtet und erzogen. In Weltanschauungsschulen, zu denen auch die bekenntnisfreien Schulen gehören, werden die Kinder nach den Grundsätzen der betreffenden Weltanschauung unterrichtet und erzogen.
(4) Das Nähere bestimmt ein Gesetz.

Art. 13 [Verbot der Diskriminierung aus religiösen Gründen]
Wegen des religiösen Bekenntnisses darf im Einzelfalle keinem Kinde die Aufnahme in einer öffentliche Schule verweigert werden, falls keine entsprechende Schule vorhanden ist.

Art. 14 [Religionsunterricht]

(1) Der Religionsunterricht ist ordentliches Lehrfach an allen Schulen, mit Ausnahme der Weltanschauungsschulen (bekenntnisfreien Schulen). Für die religiöse Unterweisung bedarf der Lehrer der Bevollmächtigung durch die Kirche oder durch die Religionsgemeinschaft. Kein Lehrer darf gezwungen werden, Religionsunterricht zu erteilen.

(2) Lehrpläne und Lehrbücher für den Religionsunterricht sind im Einvernehmen mit der Kirche oder Religionsgemeinschaft zu bestimmen.

(3) Unbeschadet des staatlichen Aufsichtsrechtes haben die Kirchen oder die Religionsgemeinschaften das Recht, nach einem mit der Unterrichtsverwaltung vereinbarten Verfahren sich durch Einsichtnahme zu vergewissern, daß der Religionsunterricht in Übereinstimmung mit ihren Lehren und Anforderungen erteilt wird.

(4) Die Befreiung vom Religionsunterricht ist abhängig von einer schriftlichen Willenserklärung der Erziehungsberechtigten oder des religionsmündigen Schülers.

Art. 15 [Ausbildung der Lehrer]

Die Ausbildung der Lehrer erfolgt in der Regel an wissenschaftlichen Hochschulen. Sie berücksichtigt die Bedürfnisse der Schulen; es ist ein Lehrangebot zu gewährleisten, das diesem Erfordernis gerecht wird. Es ist sicherzustellen, daß die Befähigung zur Erteilung des Religionsunterrichts erworben werden kann.

Art. 16 [Selbstverwaltung der Hochschulen; Ausbildung von Geistlichen]

(1) Die Universitäten und diejenigen Hochschulen, die ihnen als Stätten der Forschung und der Lehre gleichstehen, haben, unbeschadet der staatlichen Aufsicht, das Recht auf eine ihrem

besonderen Charakter entsprechende Selbstverwaltung im Rahmen der Gesetze und ihrer staatlich anerkannten Satzungen.
(2) Zur Ausbildung ihrer Geistlichen haben die Kirchen und zur Ausbildung ihrer Religionsdiener die Religionsgemeinschaften das Recht, eigene Anstalten mit Hochschulcharakter zu errichten und zu unterhalten.

Art. 17 [Anerkannte Träger der Erwachsenenbildung]
Die Erwachsenenbildung ist zu fördern. Als Träger von Einrichtungen der Erwachsenenbildung werden neben Staat, Gemeinden und Gemeindeverbänden auch andere Träger, wie die Kirchen und freien Vereinigungen, anerkannt.

Art. 18 [Kultur, Kunst, Wissenschaft und Sport]
(1) Kultur, Kunst und Wissenschaft sind durch Land und Gemeinden zu pflegen und zu fördern.
(2) Die Denkmäler der Kunst, der Geschichte und der Kultur, die Landschaft und Naturdenkmale stehen unter dem Schutz des Landes, der Gemeinden und Gemeindeverbände.
(3) Sport ist durch Land und Gemeinden zu pflegen und zu fördern.

Art. 19 [Religionsfreiheit]
(1) Die Freiheit der Vereinigung zu Kirchen oder Religionsgemeinschaften wird gewährleistet. Der Zusammenschluß von Kirchen oder Religionsgemeinschaften innerhalb des Landes unterliegt keinen Beschränkungen.
(2) Die Kirchen und die Religionsgemeinschaften ordnen und verwalten ihre Angelegenheiten selbständig innerhalb der Schranken des für alle geltenden Gesetzes. Sie haben das Recht, ihre Ämter ohne Mitwirkung des Staates und der politischen Gemeinden zu verleihen oder zu entziehen.

Art. 20 [Recht auf Seelsorge in öffentlichen Anstalten]
Die Kirchen und die Religionsgemeinschaften haben das Recht, in Erziehungs-, Kranken-, Straf- und ähnlichen öffentlichen Anstalten gottesdienstliche Handlungen vorzunehmen und eine geordnete Seelsorge auszuüben, wobei jeder Zwang fernzuhalten ist.

Art. 21 [Ansprüche der Kirchen]
Die den Kirchen oder den Religionsgemeinschaften gemäß Gesetz, Vertrag oder anderen Rechtstiteln zustehenden Leistungen des Staates, der politischen Gemeinden oder Gemeindeverbände können nur durch Vereinbarungen abgelöst werden; soweit solche Vereinbarungen das Land betreffen, bedürfen sie der Bestätigung durch Landesgesetz.

Art. 22 [Geltung des Art. 140 GG]
Im übrigen gilt für die Ordnung zwischen Land und Kirchen oder Religionsgemeinschaften Artikel 140 des Bonner Grundgesetzes für die Bundesrepublik Deutschland vom 23. Mai 1949 als Bestandteil dieser Verfassung und unmittelbar geltendes Landesrecht.

Art. 23 [Anerkennung und Änderung der Kirchenverträge]
(1) Die Bestimmungen der Verträge mit der Katholischen Kirche und der Evangelischen Kirche der Altpreußischen Union, die im früheren Freistaat Preußen Geltung hatten, werden für die Gebiete des Landes Nordrhein-Westfalen, die zum ehemaligen Preußen gehörten, als geltendes Recht anerkannt.
(2) Zur Änderung dieser Kirchenverträge und zum Abschluß neuer Verträge ist außer der Zustimmung der Vertragspartner ein Landesgesetz erforderlich.

Vierter Abschnitt
Arbeit, Wirtschaft, Umwelt

Art. 24 [Recht auf Arbeit, gleichen Lohn und Urlaub]

(1) Im Mittelpunkt des Wirtschaftslebens steht das Wohl des Menschen. Der Schutz seiner Arbeitskraft hat den Vorrang vor dem Schutz materiellen Besitzes. Jedermann hat ein Recht auf Arbeit.
(2) Der Lohn muß der Leistung entsprechen und den angemessenen Lebensbedarf des Arbeitenden und seiner Familie decken. Für gleiche Tätigkeit und gleiche Leistung besteht Anspruch auf gleichen Lohn. Das gilt auch für Frauen und Jugendliche.
(3) Das Recht auf einen ausreichenden, bezahlten Urlaub ist gesetzlich festzulegen.

Art. 25 [Sonn- und Feiertage]

(1) Der Sonntag und die staatlich anerkannten Feiertage werden als Tage der Gottesverehrung, der seelischen Erhebung, der körperlichen Erholung und der Arbeitsruhe anerkannt und gesetzlich geschützt.
(2) Der 1. Mai als Tag des Bekenntnisses zu Freiheit und Frieden, sozialer Gerechtigkeit, Völkerversöhnung und Menschenwürde ist gesetzlicher Feiertag.

Art. 26 [Recht auf Mitbestimmung]

Entsprechend der gemeinsamen Verantwortung und Leistung der Unternehmer und Arbeitnehmer für die Wirtschaft wird das Recht der Arbeitnehmer auf gleichberechtigte Mitbestimmung bei der Gestaltung der wirtschaftlichen und sozialen Ordnung anerkannt und gewährleistet.

Art. 27 [Monopolbetriebe; Verbot von Kartellen]
(1) Großbetriebe der Grundstoffindustrie und Unternehmen, die wegen ihrer monopolartigen Stellung besondere Bedeutung haben, sollen in Gemeineigentum überführt werden.
(2) Zusammenschlüsse, die ihre wirtschaftliche Macht mißbrauchen, sind zu verbieten.

Art. 28 [Mittelstandsförderung]
Die Klein- und Mittelbetriebe in Landwirtschaft, Handwerk, Handel und Gewerbe und die freien Berufe sind zu fördern. Die genossenschaftliche Selbsthilfe ist zu unterstützen.

Art. 29 [Siedlungspolitik]
(1) Die Verbindung weiter Volksschichten mit dem Grund und Boden ist anzustreben.
(2) Das Land hat die Aufgabe, nach Maßgabe der Gesetze neue Wohn- und Wirtschaftsheimstätten zu schaffen und den klein- und mittelbäuerlichen Besitz zu stärken.
(3) Die Kleinsiedlung und das Kleingartenwesen sind zu fördern.

Art. 29a [Natur- und Umweltschutz; Tierschutz]
(1) Die natürlichen Lebensgrundlagen und die Tiere stehen unter dem Schutz des Landes, der Gemeinden und Gemeindeverbände.
(2) Die notwendigen Bindungen und Pflichten bestimmen sich unter Ausgleich der betroffenen öffentlichen und privaten Belange. Das Nähere regelt das Gesetz.

Dritter Teil
Von den Organen und Aufgaben des Landes

Erster Abschnitt
Der Landtag

Art. 30 [Abgeordnete]

(1) Der Landtag besteht aus den vom Volke gewählten Abgeordneten.

(2) Die Abgeordneten stimmen nach ihrer freien, nur durch die Rücksicht auf das Volkswohl bestimmten Überzeugung; sie sind an Aufträge nicht gebunden.

Art. 31 [Wahl; Wahlberechtigung]

(1) Die Abgeordneten werden in allgemeiner, gleicher, unmittelbarer, geheimer und freier Wahl gewählt.

(2) Wahlberechtigt ist, wer das 18. Lebensjahr vollendet hat. Wählbar ist, wer das Alter erreicht hat, mit dem die Volljährigkeit eintritt.

(3) Die Wahl findet an einem Sonntag oder einem gesetzlichen Feiertag statt.

(4) Das Nähere wird durch Gesetz geregelt.

Art. 32 [Wahlverbot]

(1) Vereinigungen und Personen, die es unternehmen, die staatsbürgerlichen Freiheiten zu unterdrücken oder gegen Volk, Land oder Verfassung Gewalt anzuwenden, dürfen sich an Wahlen und Abstimmungen nicht beteiligen.

(2) Die Entscheidung darüber, ob diese Voraussetzungen vorliegen, trifft auf Antrag der Landesregierung oder von mindestens fünfzig Abgeordneten des Landtags der Verfassungsgerichtshof.

Art. 33 [Wahlprüfung]
(1) Die Wahlprüfung ist Sache des Landtags.
(2) Ihm obliegt auch die Feststellung, ob ein Abgeordneter des Landtags die Mitgliedschaft verloren hat.
(3) Die Entscheidung kann durch Beschwerde beim Verfassungsgerichtshof angefochten werden.
(4) Das Nähere wird durch Gesetz geregelt.

Art. 34 [Wahlperiode]
Der Landtag wird auf fünf Jahre gewählt. Die Neuwahl findet im letzten Vierteljahr der Wahlperiode statt.

Art. 35 [Auflösung des Landtags]
(1) Der Landtag kann sich durch eigenen Beschluß auflösen. Hierzu bedarf es der Zustimmung der Mehrheit der gesetzlichen Mitgliederzahl.
(2) Der Landtag kann auch gemäß Artikel 68 Abs. 3 aufgelöst werden.
(3) Nach der Auflösung des Landtages muß die Neuwahl binnen sechzig Tagen stattfinden.

Art. 36 [Beginn der Wahlperiode]
Die Wahlperiode des neuen Landtags beginnt mit seiner ersten Tagung.

Art. 37 [Konstituierende Sitzung]
Der Landtag tritt spätestens am zwanzigsten Tage nach der Wahl, jedoch nicht vor dem Ende der Wahlperiode des letzten Landtags, zusammen.

Art. 38 [Präsidium, Geschäftsordnung, Einberufung]

(1) Der Landtag wählt den Präsidenten, dessen Stellvertreter und die übrigen Mitglieder des Präsidiums. Er gibt sich seine Geschäftsordnung.

(2) Bis zur Wahl des neuen Präsidiums führt das bisherige Präsidium die Geschäfte weiter.

(3) Der Landtag wird jeweils durch den Präsidenten einberufen.

(4) Auf Antrag der Landesregierung oder eines Viertels seiner Mitglieder muß der Landtag unverzüglich einberufen werden.

Art. 39 [Präsident]

(1) In Rechtsgeschäften und Rechtsstreitigkeiten der Landtagsverwaltung vertritt der Präsident das Land. Er verfügt über die Einnahmen und Ausgaben der Landtagsverwaltung nach Maßgabe des Haushalts.

(2) Dem Präsidenten steht die Annahme und Entlassung der Angestellten und Arbeiter sowie im Benehmen mit dem Präsidium die Ernennung der Beamten des Landtags zu. Er hat die Dienstaufsicht und Dienststrafgewalt über die Beamten, Angestellten und Arbeiter des Landtags. Er übt das Hausrecht und die Polizeigewalt im Landtagsgebäude aus.

(3) Im übrigen werden die Rechte und Pflichten des Präsidenten durch die Geschäftsordnung bestimmt.

Art. 40 [Rechte des Hauptausschusses]

Der Landtag bestellt einen ständigen Ausschuß (Hauptausschuß). Dieser Ausschuß hat die Rechte der Volksvertretung gegenüber der Regierung zu wahren, solange der Landtag nicht versammelt ist. Die gleichen Rechte stehen ihm zwischen dem Ende einer Wahlperiode oder der Auflösung des Landtags und dem Zusammentritt des neuen Landtags zu. Er hat in dieser Zeit die Rechte eines Untersuchungsausschusses. Seine Zusammensetzung wird durch die Geschäftsordnung geregelt. Seine Mitglieder genießen die in den Artikeln 47 bis 50 festgelegten Rechte.

Art. 41 [Untersuchungsausschüsse]

(1) Der Landtag hat das Recht und auf Antrag von einem Fünftel der gesetzlichen Zahl seiner Mitglieder die Pflicht, Untersuchungsausschüsse einzusetzen. Diese Ausschüsse erheben in öffentlicher Verhandlung die Beweise, die sie oder die Antragsteller für erforderlich erachten. Sie können mit Zweidrittelmehrheit die Öffentlichkeit ausschließen. Die Zahl der Mitglieder bestimmt der Landtag. Die Mitglieder wählt der Landtag im Wege der Verhältniswahl. Das Nähere über die Einsetzung, die Befugnisse und das Verfahren wird durch Gesetz geregelt.
(2) Die Gerichte und Verwaltungsbehörden sind zur Rechts- und Amtshilfe verpflichtet. Sie sind insbesondere verpflichtet, dem Ersuchen dieser Ausschüsse um Beweiserhebungen nachzukommen. Die Akten der Behörden und öffentlichen Körperschaften sind ihnen auf Verlangen vorzulegen.
(3) Das Brief-, Post- und Fernmeldegeheimnis bleiben unberührt.
(4) Die Beschlüsse der Untersuchungsausschüsse sind der richterlichen Erörterung entzogen. In der Feststellung und in der rechtlichen Beurteilung des der Untersuchung zugrunde liegenden Sachverhalts sind die Gerichte frei.

Art. 41a [Petitionsausschuss]

(1) Zur Vorbereitung der Beschlüsse über Petitionen gemäß Artikel 17 des Grundgesetzes sind die Landesregierungen und die Körperschaften, Anstalten und Stiftungen des öffentlichen Rechts sowie Behörden und sonstige Verwaltungseinrichtungen, soweit sie unter der Aufsicht des Landes stehen, verpflich-

tet, dem Petitionsausschuß des Landtags auf sein Verlangen jederzeit Eintritt zu ihren Einrichtungen zu gestatten

(2) Die in Absatz 1 genannten Stellen sind verpflichtet, dem Petitionsausschuß auf sein Verlangen alle erforderlichen Ausküfte zu erteilen und Akten zugängig zu machen. Der Petitionsausschuß ist berechtigt, den Petenten und beteiligte Personen anzuhören. Nach näherer Bestimmung der Geschäftsordnung kann der Petitionsausschuß Beweise durch Vernehmung von Zeugen und Sachverständigen erheben. Die Vorschriften der Strafprozeßordnung finden sinngemäß Anwendung. Das Brief-, Post- und Fernmeldegeheimnis bleibt unberührt.

(3) Nach Maßgabe der Geschäftsordnung kann der Petitionsausschuß die ihm gemäß Absatz 1 und 2 zustehenden Befugnisse mit Ausnahme der eidlichen Vernehmung auf einzelne Mitglieder des Ausschusses übertragen; auf Antrag des Petitionsausschusses beauftragt der Präsident des Landtags Beamte der Landtagsverwaltung mit der Wahrnehmung dieser Befugnisse. Artikel 45 Abs. 1 und 2 findet sinngemäß Anwendung.

Art. 42 [Öffentlichkeit der Sitzungen]

Die Sitzungen des Landtags sind öffentlich. Auf Antrag der Landesregierung oder von zehn Abgeordneten kann der Landtag mit Zweidrittelmehrheit der Anwesenden die Öffentlichkeit für einzelne Gegenstände der Tagesordnung ausschließen. Über den Antrag wird in geheimer Sitzung verhandelt.

Art. 43 [Berichterstattung]

Wegen wahrheitsgetreuer Berichte über öffentliche Sitzungen des Landtags und seiner Ausschüsse kann niemand zur Verantwortung gezogen werden.

Art. 44 [Beschlußfähigkeit, Beschlussfassung]
(1) Der Landtag ist beschlußfähig, wenn mehr als die Hälfte der gesetzlichen Mitgliederzahl anwesend ist.
(2) Der Landtag faßt seine Beschlüsse mit Stimmenmehrheit.

Art. 45 [Verhältnis Landtag – Landesregierung]
(1) Die Mitglieder der Landesregierung und die von ihnen Beauftragten können den Sitzungen des Landtags und seiner Ausschüsse beiwohnen. Sie unterstehen der Ordnungsgewalt des Vorsitzenden. Den Mitgliedern der Landesregierung ist jederzeit, auch außerhalb der Tagesordnung, das Wort zu erteilen.
(2) Der Landtag und seine Ausschüsse können die Anwesenheit jedes Mitgliedes der Landesregierung verlangen.
(3) Die Vorschrift des Absatzes 1, Satz 1 und 3 gilt nicht für die Sitzungen der Untersuchungsausschüsse.

Art. 46 [Rechtsstellung der Abgeordneten]
(1) Abgeordnete dürfen an der Übernahme und Ausübung ihres Mandats nicht gehindert oder hierdurch in ihrem Amt oder Arbeitsverhältnis benachteiligt werden. Insbesondere ist unzulässig, sie aus diesem Grunde zu entlassen oder ihnen zu kündigen.
(2) Beamte, Angestellte und Arbeiter bedürfen zu der mit den Obliegenheiten ihres Mandats als Mitglieder des Landtags verbundenen Tätigkeit keines Urlaubs. Bewerben sie sich um einen Sitz im Landtag, so ist ihnen der zur Vorbereitung ihrer Wahl erforderliche Urlaub zu gewähren.
(3) Die Wählbarkeit von Beamten, Angestellten des öffentlichen Dienstes und Richtern im Lande Nordrhein-Westfalen kann gesetzlich beschränkt werden.

Art. 47 [Indemnität]

Kein Abgeordneter darf zu irgendeiner Zeit wegen seiner Abstimmung oder wegen Äußerungen in Ausübung seines Mandats gerichtlich oder dienstlich verfolgt oder sonst außerhalb der Versammlung zur Verantwortung gezogen werden. Dies gilt nicht für verleumderische Beleidigungen.

Art. 48 [Immunität]

(1) Kein Abgeordneter kann ohne Genehmigung des Landtags während der Wahlperiode wegen einer mit Strafe bedrohten Handlung zur Untersuchung gezogen, festgenommen oder verhaftet werden, es sei denn, daß er bei der Ausübung der Tat oder spätestens im Laufe des nächstfolgenden Tages ergriffen wird oder ein Fall der Ehrverletzung nach Artikel 47 vorliegt.

(2) Die gleiche Genehmigung ist bei jeder anderen Beschränkung der persönlichen Freiheit erforderlich, die die Ausübung des Abgeordnetenmandats beeinträchtigt.

(3) Jedes Strafverfahren gegen einen Abgeordneten und jede Haft oder sonstige Beschränkung seiner persönlichen Freiheit wird auf Verlangen des Landtags entweder für die gesamte Dauer oder bestimmte Zeitabschnitte der Wahlperiode ausgesetzt.

(4) Diese Bestimmungen gelten auch in der Zeit zwischen zwei Wahlperioden. Die Rechte des Landtags werden durch den Hauptausschuß ausgeübt.

Art. 49 [Zeugnisverweigerungsrecht]

(1) Die Abgeordneten sind berechtigt, über Personen, die ihnen in ihrer Eigenschaft als Abgeordnete oder denen sie in dieser Eigenschaft Tatsachen anvertraut haben sowie über diese Tatsachen selbst das Zeugnis zu verweigern. Soweit dieses Zeugnisverweigerungsrecht reicht, ist die Beschlagnahme von Schriftstücken unzulässig.

(2) Eine Durchsuchung oder Beschlagnahme darf in den Räumen des Landtags nur mit Genehmigung des Präsidenten vorgenommen werden.

Art. 50 [Freie Beförderung; Diäten]

Die Mitglieder des Landtags erhalten das Recht zur freien Fahrt auf allen Eisenbahnen und sonstigen Beförderungsmitteln der Deutschen Bundesbahn im Lande Nordrhein-Westfalen sowie Entschädigung nach Maßgabe eines Gesetzes. Ein Verzicht auf diese Rechte ist unzulässig.

Zweiter Abschnitt
Die Landesregierung

Art. 51 [Zusammensetzung der Landesregierung]

Die Landesregierung besteht aus dem Ministerpräsidenten und den Landesministern.

Art. 52 [Wahl des Ministerpräsidenten; Ernennung der Minister]

(1) Der Landtag wählt aus seiner Mitte in geheimer Wahl ohne Aussprache den Ministerpräsidenten mit mehr als der Hälfte der gesetzlichen Zahl seiner Mitglieder.
(2) Kommt eine Wahl gemäß Absatz 1 nicht zustande, so findet innerhalb von 14 Tagen ein zweiter, gegebenenfalls ein dritter Wahlgang statt, in dem der gewählt ist, der mehr als die Hälfte der abgegebenen Stimmen erhält. Ergibt sich keine solche Mehrheit, so findet eine Stichwahl zwischen den beiden Vorgeschlagenen statt, die die höchste Stimmenzahl erhalten haben.
(3) Der Ministerpräsident ernennt und entläßt die Minister. Er beauftragt ein Mitglied der Landesregierung mit seiner Vertretung und zeigt seine Entscheidungen unverzüglich dem Landtag an.

Art. 53 [Amtseid]

Die Mitglieder der Landesregierung leisten beim Amtsantritt vor dem Landtag folgenden Amtseid:
„Ich schwöre, daß ich meine ganze Kraft dem Wohle des deutschen Volkes widmen, seinen Nutzen mehren, Schaden von ihm wenden, das mir übertragene Amt nach bestem Wissen und Können unparteiisch verwalten, Verfassung und Gesetz wahren und verteidigen, meine Pflichten gewissenhaft erfüllen und Gerechtigkeit gegen jedermann üben werde. So wahr mir Gott helfe." Der Eid kann auch ohne religiöse Beteuerung geleistet werden.

Art. 54 [Vorsitz in der Landesregierung]

(1) Der Ministerpräsident führt den Vorsitz in der Landesregierung. Bei Stimmengleichheit entscheidet seine Stimme.
(2) Er leitet die Geschäfte nach einer von der Landesregierung beschlossenen Geschäftsordnung.

Art. 55 [Richtlinienkompetenz]

(1) Der Ministerpräsident bestimmt die Richtlinien der Politik und trägt dafür die Verantwortung.
(2) Innerhalb dieser Richtlinien leitet jeder Minister seinen Geschäftsbereich selbständig und unter eigener Verantwortung.
(3) Bei Meinungsverschiedenheiten über Fragen, die den Geschäftsbereich mehrerer Mitglieder der Landesregierung berühren, entscheidet die Landesregierung.

Art. 56 [Gesetzesvorlagen; Verwaltungsverordnungen]

(1) Die Landesregierung beschließt über Gesetzesvorlagen, die beim Landtag einzubringen sind.

(2) Die Landesregierung erläßt die zur Ausführung eines Gesetzes erforderlichen Verwaltungsverordnungen, soweit das Gesetz diese Aufgabe nicht einzelnen Ministern zuweist.

Art. 57 [Vertretungsbefugnis]
Die Landesregierung vertritt das Land Nordrhein-Westfalen nach außen. Sie kann diese Befugnis auf den Ministerpräsidenten, auf ein anderes Mitglied der Landesregierung oder auf nachgeordnete Stellen übertragen.

Art. 58 [Befugnis zur Ernennung der Beamten]
Die Landesregierung ernennt die Landesbeamten. Sie kann die Befugnis auf andere Stellen übertragen.

Art. 59 [Gnadenrecht]
(1) Der Ministerpräsident übt das Recht der Begnadigung aus. Er kann die Befugnis auf andere Stellen übertragen. Zugunsten eines Mitgliedes der Landesregierung wird das Recht der Begnadigung durch den Landtag ausgeübt.
(2) Allgemeine Straferlasse und die Niederschlagung einer bestimmten Art anhängiger Strafsachen dürfen nur auf Grund eines Gesetzes ausgesprochen werden.

Art. 60 [Gesetzgebungsnotstand]
(1) Ist der Landtag durch höhere Gewalt daran gehindert, sich frei zu versammeln, und wird dies durch einen mit Mehrheit gefaßten Beschluß des Landtagspräsidenten und seiner Stellvertreter festgestellt, so kann die Landesregierung zur Aufrechterhaltung der öffentlichen Ruhe und Ordnung oder zur Beseitigung eines Notstandes Verordnungen mit Gesetzeskraft, die der Verfassung nicht widersprechen, erlassen.

(2) Diese Verordnungen bedürfen der Zustimmung des Hauptausschusses, es sei denn, daß auch dieser nach einer entsprechend Absatz 1 zu treffenden Feststellung am Zusammentritt verhindert ist.

(3) Verordnungen ohne Beteiligung des Hauptausschusses sind nur mit Gegenzeichnung des Landtagspräsidenten rechtswirksam. Die Gegenzeichnung erfolgt oder gilt als erfolgt, sofern der Landtagspräsident und seine Stellvertreter dies mit Mehrheit beschließen.

(4) Die Feststellung des Landtagspräsidenten und seiner Stellvertreter ist jeweils nur für einen Monat wirksam und, wenn die Voraussetzungen des Notstandes fortdauern, zu wiederholen.

(5) Die Verordnungen sind dem Landtage bei seinem nächsten Zusammentritt zur Genehmigung vorzulegen. Wird die Genehmigung versagt, so sind die Verordnungen durch Bekanntmachung im Gesetz- und Verordnungsblatt unverzüglich außer Kraft zu setzen.

Art. 61 [Konstruktives Misstrauensvotum]

(1) Der Landtag kann dem Ministerpräsidenten das Mißtrauen nur dadurch aussprechen, daß er mit der Mehrheit der abgegebenen Stimmen einen Nachfolger wählt.

(2) Zwischen dem Antrag auf Abberufung und der Wahl müssen mindestens achtundvierzig Stunden liegen.

Art. 62 [Rücktritt]

(1) Der Ministerpräsident und die Minister können jederzeit zurücktreten.

(2) Das Amt des Ministerpräsidenten und der Minister endet in jedem Falle mit dem Zusammentritt eines neuen Landtags, das Amt eines Ministers auch mit jeder anderen Erledigung des Amtes des Ministerpräsidenten.

(3) Im Falle des Rücktritts oder einer sonstigen Beendigung des Amtes haben die Mitglieder der Landesregierung bis zur Amtsübernahme des Nachfolgers ihr Amt weiterzuführen.

Art. 63 [Anklage]

(1) Der Ministerpräsident und die Landesminister können wegen vorsätzlicher oder grobfahrlässiger Verletzung der Verfassung oder eines anderen Gesetzes vor dem Verfassungsgerichtshof angeklagt werden. Der Antrag auf Erhebung der Anklage muß von mindestens einem Viertel der Mitglieder des Landtags gestellt werden. Der Beschluß auf Erhebung der Anklage bedarf der Mehrheit von zwei Dritteln der anwesenden Mitglieder des Landtags. Die Anklage wird von einem Beauftragten des Landtages vertreten.
(2) Stellt der Verfassungsgerichtshof fest, daß der angeklagte Ministerpräsident oder Minister einer vorsätzlichen oder grobfahrlässigen Verletzung der Verfassung oder eines anderen Gesetzes schuldig ist, so kann er ihn des Amtes für verlustig erklären. Durch einstweilige Anordnung kann er nach Erhebung der Anklage bestimmen, daß der Ministerpräsident oder Minister an der Ausübung seines Amtes verhindert ist.

Art. 64 [Rechtsverhältnisse der Mitglieder der Landesregierung]

(1) Besoldung, Ruhegehalt und Hinterbliebenenversorgung der Mitglieder der Landesregierung werden durch Gesetz geregelt.
(2) Mit dem Amte eines Mitgliedes der Landesregierung ist die Ausübung eines anderen öffentlichen Amtes oder einer anderen Berufstätigkeit in der Regel unvereinbar. Die Landesregierung kann Mitgliedern der Landesregierung die Beibehaltung ihrer Berufstätigkeit gestatten.

(3) Die Wahl in den Vorstand, Verwaltungsrat oder Aufsichtsrat industrieller oder ähnlicher den Gelderwerb bezweckender Unternehmungen dürfen Mitglieder der Landesregierung nur mit besonderer Genehmigung des Hauptausschusses annehmen. Der Genehmigung durch die Landesregierung bedarf es, wenn sie nach ihrem Eintritt in die Landesregierung in dem Vorstand, Verwaltungsrat oder Aufsichtsrat einer der erwähnten Unternehmungen tätig bleiben wollen. Die erteilte Genehmigung ist dem Landtagspräsidenten anzuzeigen.
(4) Ein Mitglied der Landesregierung kann nicht gleichzeitig Mitglied des Bundestags oder der Bundesregierung sein.

Dritter Abschnitt
Die Gesetzgebung

Art. 65 [Gesetzgebungsinitiative]
Gesetzentwürfe werden von der Landesregierung oder aus der Mitte des Landtags eingebracht.

Art. 66 [Gesetzesbeschlüsse]
Die Gesetze werden vom Landtag beschlossen. Staatsverträge bedürfen der Zustimmung des Landtags.

Art. 67 [Bedenken der Landesregierung]
Gegen ein vom Landtag beschlossenes Gesetz kann die Landesregierung innerhalb von zwei Wochen Bedenken erheben. Der Landtag entscheidet sodann, ob er den Bedenken Rechnung tragen will.

Art. 67a [Volksinitiativen]
(1) Volksinitiativen können darauf gerichtet sein, den Landtag im Rahmen seiner Entscheidungszuständigkeit mit bestimm-

ten Gegenständen der politischen Willensbildung zu befassen. Einer Initiative kann auch ein mit Gründen versehener Gesetzentwurf zu Grunde liegen.
(2) Volksinitiativen müssen von mindestens 0,5 vom Hundert der Stimmberechtigten unterzeichnet sein. Artikel 31 Abs. 1 und Abs. 2 Satz 1 über das Wahlrecht findet auf das Stimmrecht entsprechende Anwendung.
(3) Das Nähere wird durch Gesetz geregelt.

Art. 68 [Volksbegehren und Volksentscheid]
(1) Volksbegehren können darauf gerichtet werden, Gesetze zu erlassen, zu ändern oder aufzuheben. Dem Volksbegehren muß ein ausgearbeiteter und mit Gründen versehener Gesetzentwurf zugrunde liegen. Ein Volksbegehren ist nur auf Gebieten zulässig, die der Gesetzgebungsgewalt des Landes unterliegen. Über Finanzfragen, Abgabengesetze und Besoldungsordnungen ist ein Volksbegehren nicht zulässig. Über die Zulässigkeit entscheidet die Landesregierung. Gegen die Entscheidung ist die Anrufung des Verfassungsgerichtshofes zulässig. Das Volksbegehren ist nur rechtswirksam, wenn es von mindestens 8 vom Hundert der Stimmberechtigten gestellt ist.
(2) Das Volksbegehren ist von der Landesregierung unter Darlegung ihres Standpunktes unverzüglich dem Landtag zu unterbreiten. Entspricht der Landtag dem Volksbegehren nicht, so ist binnen zehn Wochen ein Volksentscheid herbeizuführen. Entspricht der Landtag dem Volksbegehren, so unterbleibt der Volksentscheid.
(3) Auch die Landesregierung hat das Recht, ein von ihr eingebrachtes, vom Landtag jedoch abgelehntes Gesetz zum Volksentscheid zu stellen. Wird das Gesetz durch den Volksentscheid angenommen, so kann die Landesregierung den Landtag auf-

lösen; wird es durch den Volksentscheid abgelehnt, so muß die Landesregierung zurücktreten.
(4) Die Abstimmung kann nur bejahend oder verneinend sein. Es entscheidet die Mehrheit der abgegebenen Stimmen, sofern diese Mehrheit mindestens 15 vom Hundert der Stimmberechtigten beträgt.
(5) Die Vorschriften des Artikels 31 Abs. 1 bis 3 über das Wahlrecht und Wahlverfahren finden auf das Stimmrecht und das Abstimmungsverfahren entsprechende Anwendung. Das Nähere wird durch Gesetz geregelt.

Art. 69 [Änderung der Verfassung]

(1) Die Verfassung kann nur durch ein Gesetz geändert werden, das den Wortlaut der Verfassung ausdrücklich ändert oder ergänzt. Änderungen der Verfassung, die den Grundsätzen des republikanischen, demokratischen und sozialen Rechtsstaates im Sinne des Grundgesetzes widersprechen, sind unzulässig.
(2) Für eine Verfassungsänderung bedarf es der Zustimmung einer Mehrheit von zwei Dritteln der gesetzlichen Mitgliederzahl des Landtags.
(3) Kommt eine Mehrheit gemäß Absatz 2 nicht zustande, so kann sowohl der Landtag als auch die Regierung die Zustimmung zu der begehrten Änderung der Verfassung durch Volksentscheid einholen.

Die Verfassung kann auch durch Volksentscheid aufgrund eines Volksbegehrens nach Artikel 68 geändert werden. Das Gesetz ist angenommen, wenn mindestens die Hälfte der Stimmberechtigten sich an dem Volksentscheid beteiligt und mindestens zwei Drittel der Abstimmenden dem Gesetzentwurf zustimmen.

Art. 70 [Verordnungsermächtigung]
Die Ermächtigung zum Erlaß einer Rechtsverordnung kann nur durch Gesetz erteilt werden. Das Gesetz muß Inhalt, Zweck und Ausmaß der erteilten Ermächtigung bestimmen. In der Verordnung ist die Rechtsgrundlage anzugeben. Ist durch Gesetz vorgesehen, daß eine Ermächtigung weiterübertragen werden kann, so bedarf es zu ihrer Übertragung einer Rechtsverordnung.

Art. 71 [Verkündung der Gesetze und Verordnungen]
(1) Die Gesetze werden von der Landesregierung unverzüglich ausgefertigt und im Gesetz- und Verordnungsblatt verkündet. Sie werden vom Ministerpräsidenten und den beteiligten Ministern unterzeichnet.
(2) Rechtsverordnungen werden von der Stelle, die sie erläßt, ausgefertigt und im Gesetz- und Verordnungsblatt verkündet.
(3) Gesetze und Rechtsverordnungen treten, wenn nichts anderes bestimmt ist, mit dem vierzehnten Tage nach Ausgabe der die Verkündung enthaltenden Nummer des Gesetz- und Verordnungsblattes in Kraft.

Vierter Abschnitt
Die Rechtspflege

Art. 72 [Rechtsprechung]
(1) Die Gerichte urteilen im Namen des Deutschen Volkes.
(2) An der Rechtsprechung sind Männer und Frauen aus dem Volke nach Maßgabe der Gesetze zu beteiligen.

Art. 73 [Richteranklage]
Wenn ein Richter im Amte oder außerhalb des Amtes gegen die Grundsätze des Grundgesetzes oder gegen die verfassungsmäßige Ordnung des Landes verstößt, so kann das Bundesver-

fassungsgericht mit Zweidrittelmehrheit auf Antrag der Mehrheit der gesetzlichen Mitgliederzahl des Landtags anordnen, daß der Richter in ein anderes Amt oder in den Ruhestand zu versetzen ist. Im Falle eines vorsätzlichen Verstoßes kann auf Entlassung erkannt werden.

Art. 74 [Verwaltungsgerichte]

(1) Gegen die Anordnungen, Verfügungen und Unterlassungen der Verwaltungsbehörden kann der Betroffene die Entscheidung der Verwaltungsgerichte anrufen. Die Verwaltungsgerichte haben zu prüfen, ob die beanstandete Maßnahme dem Gesetz entspricht und die Grenze des pflichtgemäßen Ermessens nicht überschreitet.
(2) Die Verwaltungsgerichtsbarkeit wird durch selbständige Gerichte in mindestens zwei Stufen ausgeübt.

Fünfter Abschnitt
Der Verfassungsgerichtshof

Art. 75 [Zuständigkeit]

Der Verfassungsgerichtshof entscheidet:

1. in den Fällen der Artikel 32, 33 und 63,
2. über die Auslegung der Verfassung aus Anlaß von Streitigkeiten über den Umfang der Rechte und Pflichten eines obersten Landesorgans oder anderer Beteiligter, die durch diese Verfassung oder in der Geschäftsordnung eines obersten Landesorgans mit eigenen Rechten ausgestattet sind,
3. bei Meinungsverschiedenheiten oder Zweifeln über die Vereinbarkeit von Landesrecht mit dieser Verfassung auf Antrag der Landesregierung oder eines Drittels der Mitglieder des Landtags,
4. in sonstigen durch Gesetz zugewiesenen Fällen.

Art. 76 [Zusammensetzung]
(1) Der Verfassungsgerichtshof setzt sich zusammen aus dem Präsidenten des Oberverwaltungsgerichts, den beiden lebensältesten Oberlandesgerichtspräsidenten des Landes und vier vom Landtag auf die Dauer von sechs Jahren gewählten Mitgliedern, von denen die Hälfte die Befähigung zum Richteramt oder zum höheren Verwaltungsdienst haben muß.
(2) Im Behinderungsfalle treten an die Stelle der Gerichtspräsidenten deren Stellvertreter; für die übrigen Mitglieder sind vier Vertreter zu wählen.
(3) Das Nähere bestimmt das Gesetz.

Sechster Abschnitt
Die Verwaltung

Art. 77 [Organisation]
Die Verwaltungsorganisation der allgemeinen Landesverwaltung und die Regelung der Zuständigkeiten erfolgt durch Gesetz. Die Einrichtung der Behörden im einzelnen obliegt der Landesregierung und auf Grund der von ihr erteilten Ermächtigung den einzelnen Landesministern.

Art. 77a [Datenschutzbeauftragter]
(1) Der Landtag wählt auf Vorschlag der Landesregierung einen Landesbeauftragten für den Datenschutz mit mehr als der Hälfte der gesetzlichen Zahl seiner Mitglieder; Artikel 58 bleibt im übrigen unberührt.
(2) Der Landesbeauftragte für den Datenschutz ist in Ausübung seines Amtes unabhängig und nur dem Gesetz unterworfen. Er kann sich jederzeit an den Landtag wenden.
(3) Das Nähere wird durch Gesetz geregelt.

Art. 78 [Kommunale Selbstverwaltung]

(1) Die Gemeinden und Gemeindeverbände sind Gebietskörperschaften mit dem Recht der Selbstverwaltung durch ihre gewählten Organe.

(2) Die Gemeinden und Gemeindeverbände sind in ihrem Gebiet die alleinigen Träger der öffentlichen Verwaltung, soweit die Gesetze nichts anderes vorschreiben.

(3) Das Land kann die Gemeinden oder Gemeindeverbände durch Gesetz oder Rechtsverordnung zur Übernahme und Durchführung bestimmter öffentlicher Aufgaben verpflichten, wenn dabei gleichzeitig Bestimmungen über die Deckung der Kosten getroffen werden. Führt die Übertragung neuer oder die Veränderung bestehender und übertragbarer Aufgaben zu einer wesentlichen Belastung der davon betroffenen Gemeinden oder Gemeindeverbände, ist dafür durch Gesetz oder Rechtsverordnung aufgrund einer Kostenfolgeabschätzung ein entsprechender finanzieller Ausgleich für die entstehenden notwendigen, durchschnittlichen Aufwendungen zu schaffen. Der Aufwendungsersatz soll pauschaliert geleistet werden. Wird nachträglich eine wesentliche Abweichung von der Kostenfolgeabschätzung festgestellt, wird der finanzielle Ausgleich für die Zukunft angepasst. Das Nähere zu den Sätzen 2 bis 4 regelt ein Gesetz; darin sind die Grundsätze der Kostenfolgeabschätzung festzulegen und Bestimmungen über eine Beteiligung der kommunalen Spitzenverbände zu treffen.

(4) Das Land überwacht die Gesetzmäßigkeit der Verwaltung der Gemeinden und Gemeindeverbände. Das Land kann sich bei Pflichtaufgaben ein Weisungs- und Aufsichtsrecht nach näherer gesetzlicher Vorschrift vorbehalten.

Art. 79 [Anspruch auf Erschließung eigener Steuerquellen]
Die Gemeinden haben zur Erfüllung ihrer Aufgaben das Recht auf Erschließung eigener Steuerquellen. Das Land ist verpflichtet, diesem Anspruch bei der Gesetzgebung Rechnung zu tragen und im Rahmen seiner finanziellen Leistungsfähigkeit einen übergemeindlichen Finanzausgleich zu gewährleisten.

Art. 80 [Amtspflichten der Verwaltungsangehörigen]
Die Beamten und sonstigen Verwaltungsangehörigen sind Diener des ganzen Volkes, nicht einer Partei oder sonstigen Gruppe. Sie haben ihr Amt und ihre Aufgaben unparteiisch und ohne Rücksicht auf die Person nur nach sachlichen Gesichtspunkten wahrzunehmen. Jeder Beamte leistet folgenden Amtseid:

„Ich schwöre, daß ich das mir übertragene Amt nach bestem Wissen und Können verwalten, Verfassung und Gesetze befolgen und verteidigen, meine Pflichten gewissenhaft erfüllen und Gerechtigkeit gegen jedermann üben werde. So wahr mir Gott helfe."

Der Eid kann auch ohne religiöse Beteuerung geleistet werden.

Siebenter Abschnitt
Das Finanzwesen

Art. 81 [Haushaltsplan]
(1) Der Landtag sorgt durch Bewilligung der erforderlichen laufenden Mittel für die Deckung des Landesbedarfs.
(2) Alle Einnahmen und Ausgaben des Landes sind in den Haushaltsplan einzustellen; bei Landesbetrieben und bei Sondervermögen brauchen nur die Zuführungen oder Ablieferungen eingestellt zu werden. Ein Nachtragshaushaltsplan kann sich auf einzelne Einnahmen und Ausgaben beschränken. Der Haus-

haltsplan und der Nachtragshaushaltsplan sollen in Einnahmen und Ausgaben ausgeglichen sein.

(3) Der Haushaltsplan wird für ein oder mehrere Haushaltsjahre, nach Jahren getrennt, vor Beginn des ersten Haushaltsjahres durch das Haushaltsgesetz festgestellt. Für Teile des Haushaltsplans kann vorgesehen werden, daß sie für unterschiedliche Zeiträume, nach Haushaltsjahren getrennt, gelten.

Art. 82 [Übergangsermächtigung]

Ist bis zum Schluß eines Haushaltjahres der Haushaltsplan für das folgende Jahr nicht festgestellt, so ist bis zu seinem Inkrafttreten die Landesregierung ermächtigt,

1. alle Ausgaben zu leisten, die nötig sind,
    a) um gesetzlich bestehende Einrichtungen zu erhalten und gesetzlich beschlossene Maßnahmen durchzuführen,
    b) um die rechtlich begründeten Verpflichtungen des Landes zu erfüllen,
    c) um Bauten, Beschaffungen und sonstige Leistungen fortzusetzen, für die durch den Haushaltsplan des Vorjahres bereits Beträge bewilligt worden sind;
2. Schatzanweisungen bis zur Höhe eines Viertels der Endsumme des abgelaufenen Haushaltsplanes für je drei Monate auszugeben, soweit nicht Einnahmen aus Steuern und Abgaben und Einnahmen aus sonstigen Quellen die Ausgaben unter Ziffer 1 decken.

Art. 83 [Kredite]

Die Aufnahme von Krediten sowie die Übernahme von Bürgschaften, Garantien oder sonstigen Gewährleistungen, die zu Ausgaben in künftigen Haushaltsjahren führen können, bedürfen einer der Höhe nach bestimmten oder bestimmbaren Ermächtigung durch Gesetz. Die Einnahmen aus Krediten dürfen entsprechend den Erfordernissen des gesamtwirtschaftlichen Gleichgewichts in der Regel nur bis zur Höhe der Summe der im Haushaltsplan veranschlagten Ausgaben für Investitionen in den Haushaltsplan eingestellt werden; das Nähere wird durch Gesetz geregelt.

Art. 84 [Ausgabendeckung]

Beschlüsse des Landtags, welche Ausgaben mit sich bringen, müssen bestimmen, wie diese Ausgaben gedeckt werden.

Art. 85 [Überplanmäßige und außerplanmäßige Ausgaben]

(1) Überplanmäßige und außerplanmäßige Ausgaben bedürfen der Zustimmung des Finanzministers. Sie darf nur im Falle eines unvorhergesehenen und unabweisbaren Bedürfnisses erteilt werden.

(2) Zu überplanmäßigen und außerplanmäßigen Ausgaben hat der Finanzminister die Genehmigung des Landtags einzuholen.

Art. 86 [Rechenschaftspflicht; Rechnungsprüfung]

(1) Der Finanzminister hat dem Landtag über alle Einnahmen und Ausgaben im Laufe des nächsten Haushaltsjahres zur Entlastung der Landesregierung Rechnung zu legen. Der Haushaltsrechnung sind Übersichten über das Vermögen und die Schulden des Landes beizufügen.

(2) Der Landesrechnungshof prüft die Rechnung sowie die Ordnungsmäßigkeit und Wirtschaftlichkeit der Haushalts- und Wirtschaftsführung. Er faßt das Ergebnis seiner Prüfung jährlich in einem Bericht für den Landtag zusammen, den er auch der Landesregierung zuleitet.

Art. 87 [Landesrechnungshof]

(1) Der Landesrechnungshof ist eine selbständige, nur dem Gesetz unterworfene oberste Landesbehörde. Seine Mitglieder genießen den Schutz richterlicher Unabhängigkeit.
(2) Der Präsident, der Vizepräsident und die anderen Mitglieder des Landesrechnungshofes werden vom Landtag ohne Aussprache gewählt und sind von der Landesregierung zu ernennen.
(3) Das Nähere wird durch Gesetz geregelt.

Art. 88 [Fiskalische Betriebe]

Das Finanzwesen der ertragswirtschaftlichen Unternehmungen des Landes kann durch Gesetz abweichend von den Vorschriften der Artikel 81 bis 86 geregelt werden.

Übergangs- und Schlußbestimmungen

Art. 89 [Schulwesen im ehemaligen Land Lippe]

Auf dem Gebiete des Schulwesens gelten in dem ehemaligen Lande Lippe die Rechtsvorschriften vom 1. Januar 1933 bis zur endgültigen Entscheidung über die staatsrechtliche Eingliederung Lippes in das Land Nordrhein-Westfalen.

Art. 90 [Volksentscheid]

(1) Die Verfassung ist dem Volke zur Billigung zu unterbreiten. Die Abstimmung erfolgt nach Maßgabe eines Landtagsbeschlusses. Die Verfassung gilt als angenommen, wenn die Mehrheit der Abstimmenden es bejaht hat.
(2) Die Verfassung ist nach ihrer Annahme durch das Volk im Gesetz- und Verordnungsblatt zu verkünden. Sie tritt mit dem auf seine Verkündigung folgenden Tage in Kraft.

Art. 91 [Übergangsregelung]

(1) Der am 18. Juni 1950 gewählte Landtag gilt als erster Landtag im Sinne dieser Verfassung.

(2) Die bestehenden Organe des Landes nehmen bis zur Bildung der durch diese Verfassung vorgesehenen Organe deren Aufgaben wahr. Eine nach den Bestimmungen dieser Verfassung bereits vor seinem Inkrafttreten gebildete Landesregierung gilt als Landesregierung im Sinne der Artikel 51 ff.

Art. 92 [Wahlperiode des Landtags von 1970]

Die Wahlperiode des im Jahre 1970 zu wählenden Landtags beträgt vier Jahre zehn Monate.

ÜBERSICHT ÜBER DIE ARTIKEL DES GRUNDGESETZES FÜR DIE BUNDESREPUBLIK DEUTSCHLAND

Präambel

I. Die Grundrechte

Art. 1	Schutz der Menschenwürde, Menschenrechte, Grundrechtsbindung
Art. 2	Freie Entfaltung der Persönlichkeit, Recht auf Leben, körperliche Unversehrtheit, Freiheit der Person
Art. 3	Gleichheit vor dem Gesetz
Art. 4	Glaubens-, Gewissens- und Bekenntnisfreiheit, Kriegsdienstverweigerung
Art. 5	Recht der freien Meinungsäußerung, Medienfreiheit, Kunst- und Wissenschaftsfreiheit
Art. 6	Ehe, Familie, nicht eheliche Kinder
Art. 7	Schulwesen
Art. 8	Versammlungsfreiheit
Art. 9	Vereinigungsfreiheit
Art. 10	Brief-, Post- und Fernmeldegeheimnis
Art. 11	Freizügigkeit
Art. 12	Berufsfreiheit
Art. 12a	Dienstverpflichtungen

II. Der Bund und die Länder

IVa. Gemeinsamer Ausschuss

V. Der Bundespräsident

VI. Die Bundesregierung

VII. Die Gesetzgebung des Bundes

VIII. Die Ausführung der Bundesgesetze und die Bundesverwaltung

VIIIa. Gemeinschaftsaufgaben, Verwaltungszusammenarbeit

IX. Die Rechtsprechung

Art. 100 Verfassungswidrigkeit von Gesetzen
Art. 101 Ausnahmegerichte
Art. 102 Abschaffung der Todesstrafe
Art. 103 Grundrechte vor Gericht
Art. 104 Rechtsgarantien bei Freiheitsentziehung

X. Das Finanzwesen

Art. 104a Ausgabenverteilung; Lastenverteilung
Art. 104b Finanzhilfen für bedeutsame Investitionen der Länder
Art. 105 Gesetzgebungsrecht
Art. 106 Verteilung des Steueraufkommens und des Ertrages der Finanzmonopole
Art. 106a Bundeszuschuss für öffentlichen Personennahverkehr
Art. 106b Länderanteil an der Kraftfahrzeugsteuer
Art. 107 Finanzausgleich; Ergänzungszuweisungen
Art. 108 Finanzverwaltung
Art. 109 Haushaltswirtschaft in Bund und Ländern
Art. 109a Haushaltsnotlagen
Art. 110 Haushaltsplan des Bundes
Art. 111 Ausgaben vor Etatgenehmigung
Art. 112 Überplanmäßige und außerplanmäßige Ausgaben
Art. 113 Ausgabenerhöhungen; Einnahmeminderungen
Art. 114 Rechnungslegung; Bundesrechnungshof
Art. 115 Kreditbeschaffung

Xa. Verteidigungsfall

XI. Übergangs- und Schlussbestimmungen

Anhang
Gemäß Art. 140 GG weitergeltende Artikel der Weimarer Reichsverfassung

GRUNDGESETZ FÜR DIE BUNDESREPUBLIK DEUTSCHLAND

Vom 23. Mai 1949
zuletzt geänd. durch Art. 1 ÄndG (Art. 93) vom 11. Juli 2012

Der Parlamentarische Rat hat am 23. Mai 1949 in Bonn am Rhein in öffentlicher Sitzung festgestellt, daß das am 8. Mai des Jahres 1949 vom Parlamentarischen Rat beschlossene Grundgesetz für die Bundesrepublik Deutschland in der Woche vom 16.–22. Mai 1949 durch die Volksvertretungen von mehr als Zweidritteln der beteiligten deutschen Länder angenommen worden ist.

Auf Grund dieser Feststellung hat der Parlamentarische Rat, vertreten durch seine Präsidenten, das Grundgesetz ausgefertigt und verkündet.

Das Grundgesetz wird hiermit gemäß Artikel 145 Absatz 3 im Bundesgesetzblatt veröffentlicht:

Präambel

Im Bewußtsein seiner Verantwortung vor Gott und den Menschen,

von dem Willen beseelt, als gleichberechtigtes Glied in einem vereinten Europa dem Frieden der Welt zu dienen, hat sich das Deutsche Volk kraft seiner verfassungsgebenden Gewalt dieses Grundgesetz gegeben.

Die Deutschen in den Ländern Baden-Württemberg, Bayern, Berlin, Brandenburg, Bremen, Hamburg, Hessen,

Mecklenburg-Vorpommern, Niedersachsen, Nordrhein-Westfalen, Rheinland-Pfalz, Saarland, Sachsen, Sachsen-Anhalt, Schleswig-Holstein und Thüringen haben in freier Selbstbestimmung die Einheit und Freiheit Deutschlands vollendet. Damit gilt dieses Grundgesetz für das gesamte Deutsche Volk.

I.
Die Grundrechte

Art. 1 [Schutz der Menschenwürde, Menschenrechte, Grundrechtsbindung]

(1) Die Würde des Menschen ist unantastbar. Sie zu achten und zu schützen ist Verpflichtung aller staatlichen Gewalt.
(2) Das Deutsche Volk bekennt sich darum zu unverletzlichen und unveräußerlichen Menschenrechten als Grundlage jeder menschlichen Gemeinschaft, des Friedens und der Gerechtigkeit in der Welt.
(3) Die nachfolgenden Grundrechte binden Gesetzgebung, vollziehende Gewalt und Rechtsprechung als unmittelbar geltendes Recht.

Art. 2 [Freie Entfaltung der Persönlichkeit, Recht auf Leben, körperliche Unversehrtheit, Freiheit der Person]

(1) Jeder hat das Recht auf die freie Entfaltung seiner Persönlichkeit, soweit er nicht die Rechte anderer verletzt und nicht gegen die verfassungsmäßige Ordnung oder das Sittengesetz verstößt.
(2) Jeder hat das Recht auf Leben und körperliche Unversehrtheit. Die Freiheit der Person ist unverletzlich. In diese Rechte darf nur auf Grund eines Gesetzes eingegriffen werden.

Art. 3 [Gleichheit vor dem Gesetz]

(1) Alle Menschen sind vor dem Gesetz gleich.

(2) Männer und Frauen sind gleichberechtigt. Der Staat fördert die tatsächliche Durchsetzung der Gleichberechtigung von Frauen und Männern und wirkt auf die Beseitigung bestehender Nachteile hin.

(3) Niemand darf wegen seines Geschlechtes, seiner Abstammung, seiner Rasse, seiner Sprache, seiner Heimat und Herkunft, seines Glaubens, seiner religiösen oder politischen Anschauungen benachteiligt oder bevorzugt werden. Niemand darf wegen seiner Behinderung benachteiligt werden.

Art. 4 [Glaubens-, Gewissens- und Bekenntnisfreiheit, Kriegsdienstverweigerung]

(1) Die Freiheit des Glaubens, des Gewissens und die Freiheit des religiösen und weltanschaulichen Bekenntnisses sind unverletzlich.

(2) Die ungestörte Religionsausübung wird gewährleistet.

(3) Niemand darf gegen sein Gewissen zum Kriegsdienst mit der Waffe gezwungen werden. Das Nähere regelt ein Bundesgesetz.

Art. 5 [Recht der freien Meinungsäußerung, Medienfreiheit, Kunst- und Wissenschaftsfreiheit]

(1) Jeder hat das Recht, seine Meinung in Wort, Schrift und Bild frei zu äußern und zu verbreiten und sich aus allgemein zugänglichen Quellen ungehindert zu unterrichten. Die Pressefreiheit und die Freiheit der Berichterstattung durch Rundfunk und Film werden gewährleistet. Eine Zensur findet nicht statt.

(2) Diese Rechte finden ihre Schranken in den Vorschriften der allgemeinen Gesetze, den gesetzlichen Bestimmungen zum Schutze der Jugend und in dem Recht der persönlichen Ehre.

(3) Kunst und Wissenschaft, Forschung und Lehre sind frei. Die Freiheit der Lehre entbindet nicht von der Treue zur Verfassung.

Art. 6 [Ehe, Familie, nicht eheliche Kinder]

(1) Ehe und Familie stehen unter dem besonderen Schutze der staatlichen Ordnung.

(2) Pflege und Erziehung der Kinder sind das natürliche Recht der Eltern und die zuvörderst ihnen obliegende Pflicht. Über ihre Betätigung wacht die staatliche Gemeinschaft.

(3) Gegen den Willen der Erziehungsberechtigten dürfen Kinder nur auf Grund eines Gesetzes von der Familie getrennt werden, wenn die Erziehungsberechtigten versagen oder wenn die Kinder aus anderen Gründen zu verwahrlosen drohen.

(4) Jede Mutter hat Anspruch auf den Schutz und die Fürsorge der Gemeinschaft.

(5) Den unehelichen Kindern sind durch die Gesetzgebung die gleichen Bedingungen für ihre leibliche und seelische Entwicklung und ihre Stellung in der Gesellschaft zu schaffen wie den ehelichen Kindern.

Art. 7 [Schulwesen]

(1) Das gesamte Schulwesen steht unter der Aufsicht des Staates.

(2) Die Erziehungsberechtigten haben das Recht, über die Teilnahme des Kindes am Religionsunterricht zu bestimmen.

(3) Der Religionsunterricht ist in den öffentlichen Schulen mit Ausnahme der bekenntnisfreien Schulen ordentliches Lehrfach. Unbeschadet des staatlichen Aufsichtsrechtes wird der Religionsunterricht in Übereinstimmung mit den Grundsätzen der Religionsgemeinschaften erteilt. Kein Lehrer darf gegen seinen Willen verpflichtet werden, Religionsunterricht zu erteilen.

(4) Das Recht zur Errichtung von privaten Schulen wird gewährleistet. Private Schulen als Ersatz für öffentliche Schulen

bedürfen der Genehmigung des Staates und unterstehen den Landesgesetzen. Die Genehmigung ist zu erteilen, wenn die privaten Schulen in ihren Lehrzielen und Einrichtungen sowie in der wissenschaftlichen Ausbildung ihrer Lehrkräfte nicht hinter den öffentlichen Schulen zurückstehen und eine Sonderung der Schüler nach den Besitzverhältnissen der Eltern nicht gefördert wird. Die Genehmigung ist zu versagen, wenn die wirtschaftliche und rechtliche Stellung der Lehrkräfte nicht genügend gesichert ist.

(5) Eine private Volksschule ist nur zuzulassen, wenn die Unterrichtsverwaltung ein besonderes pädagogisches Interesse anerkennt oder, auf Antrag von Erziehungsberechtigten, wenn sie als Gemeinschaftsschule, als Bekenntnis- oder Weltanschauungsschule errichtet werden soll und eine öffentliche Volksschule dieser Art in der Gemeinde nicht besteht.

(6) Vorschulen bleiben aufgehoben.

Art. 8 [Versammlungsfreiheit]

(1) Alle Deutschen haben das Recht, sich ohne Anmeldung oder Erlaubnis friedlich und ohne Waffen zu versammeln.

(2) Für Versammlungen unter freiem Himmel kann dieses Recht durch Gesetz oder auf Grund eines Gesetzes beschränkt werden.

Art. 9 [Vereinigungsfreiheit]

(1) Alle Deutschen haben das Recht, Vereine und Gesellschaften zu bilden.

(2) Vereinigungen, deren Zwecke oder deren Tätigkeit den Strafgesetzen zuwiderlaufen oder die sich gegen die verfassungsmäßige Ordnung oder gegen den Gedanken der Völkerverständigung richten, sind verboten.

(3) Das Recht, zur Wahrung und Förderung der Arbeits- und Wirtschaftsbedingungen Vereinigungen zu bilden, ist für jedermann und für alle Berufe gewährleistet. Abreden, die dieses Recht einschränken oder zu behindern suchen, sind nichtig, hierauf gerichtete Maßnahmen sind rechtswidrig. Maßnahmen nach den Artikeln 12a, 35 Abs. 2 und 3, Artikel 87a Abs. 4 und Artikel 91 dürfen sich nicht gegen Arbeitskämpfe richten, die zur Wahrung und Förderung der Arbeits- und Wirtschaftsbedingungen von Vereinigungen im Sinne des Satzes 1 geführt werden.

Art. 10 [Brief-, Post- und Fernmeldegeheimnis]
(1) Das Briefgeheimnis sowie das Post- und Fernmeldegeheimnis sind unverletzlich.
(2) Beschränkungen dürfen nur auf Grund eines Gesetzes angeordnet werden. Dient die Beschränkung dem Schutze der freiheitlichen demokratischen Grundordnung oder des Bestandes oder der Sicherung des Bundes oder eines Landes, so kann das Gesetz bestimmen, daß sie dem Betroffenen nicht mitgeteilt wird und daß an die Stelle des Rechtsweges die Nachprüfung durch von der Volksvertretung bestellte Organe und Hilfsorgane tritt.

Soll dass schreiben: zu Händen (wenn personliche Post)

Art. 11 [Freizügigkeit]
(1) Alle Deutschen genießen Freizügigkeit im ganzen Bundesgebiet.
(2) Dieses Recht darf nur durch Gesetz oder auf Grund eines Gesetzes und nur für die Fälle eingeschränkt werden, in denen eine ausreichende Lebensgrundlage nicht vorhanden ist und der Allgemeinheit daraus besondere Lasten entstehen würden oder in denen es zur Abwehr einer drohenden Gefahr für den Bestand oder die freiheitliche demokratische Grundordnung des Bundes oder eines Landes, zur Bekämpfung von

Seuchengefahr, Naturkatastrophen oder besonders schweren Unglücksfällen, zum Schutze der Jugend vor Verwahrlosung oder um strafbaren Handlungen vorzubeugen, erforderlich ist.

Art. 12 [Berufsfreiheit]

(1) Alle Deutschen haben das Recht, Beruf, Arbeitsplatz und Ausbildungsstätte frei zu wählen. Die Berufsausübung kann durch Gesetz oder auf Grund eines Gesetzes geregelt werden.
(2) Niemand darf zu einer bestimmten Arbeit gezwungen werden, außer im Rahmen einer herkömmlichen allgemeinen, für alle gleichen öffentlichen Dienstleistungspflicht.
(3) Zwangsarbeit ist nur bei einer gerichtlich angeordneten Freiheitsentziehung zulässig.

Art. 12a [Dienstverpflichtungen]

(1) Männer können vom vollendeten achtzehnten Lebensjahr an zum Dienst in den Streitkräften, im Bundesgrenzschutz oder in einem Zivilschutzverband verpflichtet werden.
(2) Wer aus Gewissensgründen den Kriegsdienst mit der Waffe verweigert, kann zu einem Ersatzdienst verpflichtet werden. Die Dauer des Ersatzdienstes darf die Dauer des Wehrdienstes nicht übersteigen. Das Nähere regelt ein Gesetz, das die Freiheit der Gewissensentscheidung nicht beeinträchtigen darf und auch eine Möglichkeit des Ersatzdienstes vorsehen muß, die in keinem Zusammenhang mit den Verbänden der Streitkräfte und des Bundesgrenzschutzes steht.
(3) Wehrpflichtige, die nicht zu einem Dienst nach Absatz 1 oder 2 herangezogen sind, können im Verteidigungsfalle durch Gesetz oder auf Grund eines Gesetzes zu zivilen Dienstleistungen für Zwecke der Verteidigung einschließlich des Schutzes der Zivilbevölkerung in Arbeitsverhältnisse verpflichtet werden; Verpflichtungen in öffentlich-rechtliche Dienstverhältnisse sind

nur zur Wahrnehmung polizeilicher Aufgaben oder solcher hoheitlichen Aufgaben der öffentlichen Verwaltung, die nur in einem öffentlich-rechtlichen Dienstverhältnis erfüllt werden können, zulässig. Arbeitsverhältnisse nach Satz 1 können bei den Streitkräften, im Bereich ihrer Versorgung sowie bei der öffentlichen Verwaltung begründet werden; Verpflichtungen in Arbeitsverhältnisse im Bereiche der Versorgung der Zivilbevölkerung sind nur zulässig, um ihren lebensnotwendigen Bedarf zu decken oder ihren Schutz sicherzustellen.

(4) Kann im Verteidigungsfalle der Bedarf an zivilen Dienstleistungen im zivilen Sanitäts- und Heilwesen sowie in der ortsfesten militärischen Lazarettorganisation nicht auf freiwilliger Grundlage gedeckt werden, so können Frauen vom vollendeten achtzehnten bis zum vollendeten fünfundfünfzigsten Lebensjahr durch Gesetz oder auf Grund eines Gesetzes zu derartigen Dienstleistungen herangezogen werden. Sie dürfen auf keinen Fall zum Dienst mit der Waffe verpflichtet werden.

(5) Für die Zeit vor dem Verteidigungsfalle können Verpflichtungen nach Absatz 3 nur nach Maßgabe des Artikels 80a Abs. 1 begründet werden. Zur Vorbereitung auf Dienstleistungen nach Absatz 3, für die besondere Kenntnisse oder Fertigkeiten erforderlich sind, kann durch Gesetz oder auf Grund eines Gesetzes die Teilnahme an Ausbildungsveranstaltungen zur Pflicht gemacht werden. Satz 1 findet insoweit keine Anwendung.

(6) Kann im Verteidigungsfalle der Bedarf an Arbeitskräften für die in Absatz 3 Satz 2 genannten Bereiche auf freiwilliger Grundlage nicht gedeckt werden, so kann zur Sicherung dieses Bedarfs die Freiheit der Deutschen, die Ausübung eines Berufs oder den Arbeitsplatz aufzugeben, durch Gesetz oder auf Grund eines Gesetzes eingeschränkt werden. Vor Eintritt des Verteidigungsfalles gilt Absatz 5 Satz 1 entsprechend.

Art. 13 [Unverletzlichkeit der Wohnung]

(1) Die Wohnung ist unverletzlich.

(2) Durchsuchungen dürfen nur durch den Richter, bei Gefahr im Verzuge auch durch die in den Gesetzen vorgesehenen anderen Organe angeordnet und nur in der dort vorgeschriebenen Form durchgeführt werden.

(3) Begründen bestimmte Tatsachen den Verdacht, daß jemand eine durch Gesetz einzeln bestimmte besonders schwere Straftat begangen hat, so dürfen zur Verfolgung der Tat auf Grund richterlicher Anordnung technische Mittel zur akustischen Überwachung von Wohnungen, in denen der Beschuldigte sich vermutlich aufhält, eingesetzt werden, wenn die Erforschung des Sachverhalts auf andere Weise unverhältnismäßig erschwert oder aussichtslos wäre. Die Maßnahme ist zu befristen. Die Anordnung erfolgt durch einen mit drei Richtern besetzten Spruchkörper. Bei Gefahr im Verzuge kann sie auch durch einen einzelnen Richter getroffen werden.

(4) Zur Abwehr dringender Gefahren für die öffentliche Sicherheit, insbesondere einer gemeinen Gefahr oder einer Lebensgefahr, dürfen technische Mittel zur Überwachung von Wohnungen nur auf Grund richterlicher Anordnung eingesetzt werden. Bei Gefahr im Verzuge kann die Maßnahme auch durch eine andere gesetzlich bestimmte Stelle angeordnet werden; eine richterliche Entscheidung ist unverzüglich nachzuholen.

(5) Sind technische Mittel ausschließlich zum Schutze der bei einem Einsatz in Wohnungen tätigen Personen vorgesehen, kann die Maßnahme durch eine gesetzlich bestimmte Stelle angeordnet werden. Eine anderweitige Verwertung der hierbei erlangten Erkenntnisse ist nur zum Zwecke der Strafverfolgung oder der Gefahrenabwehr und nur zulässig, wenn zuvor die Rechtmäßigkeit der Maßnahme richterlich festgestellt ist; bei

Gefahr im Verzuge ist die richterliche Entscheidung unverzüglich nachzuholen.
(6) Die Bundesregierung unterrichtet den Bundestag jährlich über den nach Absatz 3 sowie über den im Zuständigkeitsbereich des Bundes nach Absatz 4 und, soweit richterlich überprüfungsbedürftig, nach Absatz 5 erfolgten Einsatz technischer Mittel. Ein vom Bundestag gewähltes Gremium übt auf der Grundlage dieses Berichts die parlamentarische Kontrolle aus. Die Länder gewährleisten eine gleichwertige parlamentarische Kontrolle.
(7) Eingriffe und Beschränkungen dürfen im übrigen nur zur Abwehr einer gemeinen Gefahr oder einer Lebensgefahr für einzelne Personen, auf Grund eines Gesetzes auch zur Verhütung dringender Gefahren für die öffentliche Sicherheit und Ordnung, insbesondere zur Behebung der Raumnot, zur Bekämpfung von Seuchengefahr oder zum Schutze gefährdeter Jugendlicher vorgenommen werden.

Art. 14 [Eigentum, Erbrecht und Enteignung]
(1) Das Eigentum und das Erbrecht werden gewährleistet. Inhalt und Schranken werden durch die Gesetze bestimmt.
(2) Eigentum verpflichtet. Sein Gebrauch soll zugleich dem Wohle der Allgemeinheit dienen.
(3) Eine Enteignung ist nur zum Wohle der Allgemeinheit zulässig. Sie darf nur durch Gesetz oder auf Grund eines Gesetzes erfolgen, das Art und Ausmaß der Entschädigung regelt. Die Entschädigung ist unter gerechter Abwägung der Interessen der Allgemeinheit und der Beteiligten zu bestimmen. Wegen der Höhe der Entschädigung steht im Streitfalle der Rechtsweg vor den ordentlichen Gerichten offen.

Art. 15 [Sozialisierung, Überführung in Gemeineigentum]

Grund und Boden, Naturschätze und Produktionsmittel können zum Zwecke der Vergesellschaftung durch ein Gesetz, das Art und Ausmaß der Entschädigung regelt, in Gemeineigentum oder in andere Formen der Gemeinwirtschaft überführt werden. Für die Entschädigung gilt Artikel 14 Abs. 3 Satz 3 und 4 entsprechend.

Art. 16 [Ausbürgerung, Auslieferung]

(1) Die deutsche Staatsangehörigkeit darf nicht entzogen werden. Der Verlust der Staatsangehörigkeit darf nur auf Grund eines Gesetzes und gegen den Willen des Betroffenen nur dann eintreten, wenn der Betroffene dadurch nicht staatenlos wird.
(2) Kein Deutscher darf an das Ausland ausgeliefert werden. Durch Gesetz kann eine abweichende Regelung für Auslieferungen an einen Mitgliedstaat der Europäischen Union oder an einen internationalen Gerichtshof getroffen werden, soweit rechtsstaatliche Grundsätze gewahrt sind.

Art. 16a [Asylrecht]

(1) Politisch Verfolgte genießen Asylrecht.
(2) Auf Absatz 1 kann sich nicht berufen, wer aus einem Mitgliedstaat der Europäischen Gemeinschaften oder aus einem anderen Drittstaat einreist, in dem die Anwendung des Abkommens über die Rechtsstellung der Flüchtlinge und der Konvention zum Schutze der Menschenrechte und Grundfreiheiten sichergestellt ist. Die Staaten außerhalb der Europäischen Gemeinschaften, auf die die Voraussetzungen des Satzes 1 zutreffen, werden durch Gesetz, das der Zustimmung des Bundesrates bedarf, bestimmt. In den Fällen des Satzes 1 können aufenthaltsbeendende Maßnahmen unabhängig von einem hiergegen eingelegten Rechtsbehelf vollzogen werden.

(3) Durch Gesetz, das der Zustimmung des Bundesrates bedarf, können Staaten bestimmt werden, bei denen auf Grund der Rechtslage, der Rechtsanwendung und der allgemeinen politischen Verhältnisse gewährleistet erscheint, daß dort weder politische Verfolgung noch unmenschliche oder erniedrigende Bestrafung oder Behandlung stattfindet. Es wird vermutet, daß ein Ausländer aus einem solchen Staat nicht verfolgt wird, solange er nicht Tatsachen vorträgt, die die Annahme begründen, daß er entgegen dieser Vermutung politisch verfolgt wird.
(4) Die Vollziehung aufenthaltsbeendender Maßnahmen wird in den Fällen des Absatzes 3 und in anderen Fällen, die offensichtlich unbegründet sind oder als offensichtlich unbegründet gelten, durch das Gericht nur ausgesetzt, wenn ernstliche Zweifel an der Rechtmäßigkeit der Maßnahme bestehen; der Prüfungsumfang kann eingeschränkt werden und verspätetes Vorbringen unberücksichtigt bleiben. Das Nähere ist durch Gesetz zu bestimmen.
(5) Die Absätze 1 bis 4 stehen völkerrechtlichen Verträgen von Mitgliedstaaten der Europäischen Gemeinschaften untereinander und mit dritten Staaten nicht entgegen, die unter Beachtung der Verpflichtungen aus dem Abkommen über die Rechtsstellung der Flüchtlinge und der Konvention zum Schutze der Menschenrechte und Grundfreiheiten, deren Anwendung in den Vertragsstaaten sichergestellt sein muß, Zuständigkeitsregelungen für die Prüfung von Asylbegehren einschließlich der gegenseitigen Anerkennung von Asylentscheidungen treffen.

Art. 17 [Petitionsrecht]
Jedermann hat das Recht, sich einzeln oder in Gemeinschaft mit anderen schriftlich mit Bitten oder Beschwerden an die zuständigen Stellen und an die Volksvertretung zu wenden.

Art. 17a [Grundrechtseinschränkungen bei Wehr- und Ersatzdienst]

(1) Gesetze über Wehrdienst und Ersatzdienst können bestimmen, daß für die Angehörigen der Streitkräfte und des Ersatzdienstes während der Zeit des Wehr- oder Ersatzdienstes das Grundrecht, seine Meinung in Wort, Schrift und Bild frei zu äußern und zu verbreiten (Artikel 5 Abs. 1 Satz 1 erster Halbsatz), das Grundrecht der Versammlungsfreiheit (Artikel 8) und das Petitionsrecht (Artikel 17), soweit es das Recht gewährt, Bitten oder Beschwerden in Gemeinschaft mit anderen vorzubringen, eingeschränkt werden.

(2) Gesetze, die der Verteidigung einschließlich des Schutzes der Zivilbevölkerung dienen, können bestimmen, daß die Grundrechte der Freizügigkeit (Artikel 11) und der Unverletzlichkeit der Wohnung (Artikel 13) eingeschränkt werden.

Art. 18 [Verwirkung von Grundrechten]

Wer die Freiheit der Meinungsäußerung, insbesondere die Pressefreiheit (Artikel 5 Abs. 1), die Lehrfreiheit (Artikel 5 Abs. 3), die Versammlungsfreiheit (Artikel 8), die Vereinigungsfreiheit (Artikel 9), das Brief-, Post- und Fernmeldegeheimnis (Artikel 10), das Eigentum (Artikel 14) oder das Asylrecht (Artikel 16a) zum Kampfe gegen die freiheitliche demokratische Grundordnung mißbraucht, verwirkt diese Grundrechte. Die Verwirkung und ihr Ausmaß werden durch das Bundesverfassungsgericht ausgesprochen.

Art. 19 [Einschränkung von Grundrechten; Grundrechtsträger; Rechtsschutz]

(1) Soweit nach diesem Grundgesetz ein Grundrecht durch Gesetz oder auf Grund eines Gesetzes eingeschränkt werden kann, muß das Gesetz allgemein und nicht nur für den Einzel-

fall gelten. Außerdem muß das Gesetz das Grundrecht unter Angabe des Artikels nennen.
(2) In keinem Falle darf ein Grundrecht in seinem Wesensgehalt angetastet werden.
(3) Die Grundrechte gelten auch für inländische juristische Personen, soweit sie ihrem Wesen nach auf diese anwendbar sind.
(4) Wird jemand durch die öffentliche Gewalt in seinen Rechten verletzt, so steht ihm der Rechtsweg offen. Soweit eine andere Zuständigkeit nicht begründet ist, ist der ordentliche Rechtsweg gegeben. Artikel 10 Abs. 2 Satz 2 bleibt unberührt.

II.
Der Bund und die Länder

Art. 20 [Bundesstaatliche Verfassung; Widerstandsrecht]
(1) Die Bundesrepublik Deutschland ist ein demokratischer und sozialer Bundesstaat.
(2) Alle Staatsgewalt geht vom Volke aus. Sie wird vom Volke in Wahlen und Abstimmungen und durch besondere Organe der Gesetzgebung, der vollziehenden Gewalt und der Rechtsprechung ausgeübt.
(3) Die Gesetzgebung ist an die verfassungsmäßige Ordnung, die vollziehende Gewalt und die Rechtsprechung sind an Gesetz und Recht gebunden.
(4) Gegen jeden, der es unternimmt, diese Ordnung zu beseitigen, haben alle Deutschen das Recht zum Widerstand, wenn andere Abhilfe nicht möglich ist.

Art. 20a [Schutz der natürlichen Lebensgrundlagen]
Der Staat schützt auch in Verantwortung für die künftigen Generationen die natürlichen Lebensgrundlagen und die Tiere im

Rahmen der verfassungsmäßigen Ordnung durch die Gesetzgebung und nach Maßgabe von Gesetz und Recht durch die vollziehende Gewalt und die Rechtsprechung.

Art. 21 [Parteien]

(1) Die Parteien wirken bei der politischen Willensbildung des Volkes mit. Ihre Gründung ist frei. Ihre innere Ordnung muß demokratischen Grundsätzen entsprechen. Sie müssen über die Herkunft und Verwendung ihrer Mittel sowie über ihr Vermögen öffentlich Rechenschaft geben.
(2) Parteien, die nach ihren Zielen oder nach dem Verhalten ihrer Anhänger darauf ausgehen, die freiheitliche demokratische Grundordnung zu beeinträchtigen oder zu beseitigen oder den Bestand der Bundesrepublik Deutschland zu gefährden, sind verfassungswidrig. Über die Frage der Verfassungswidrigkeit entscheidet das Bundesverfassungsgericht.
(3) Das Nähere regeln Bundesgesetze.

Art. 22 [Bundeshauptstadt, Bundesflagge]

(1) Die Hauptstadt der Bundesrepublik Deutschland ist Berlin. Die Repräsentation des Gesamtstaates in der Hauptstadt ist Aufgabe des Bundes. Das Nähere wird durch Bundesgesetz geregelt.
(2) Die Bundesflagge ist schwarz-rot-gold.

Art. 23 [Verwirklichung der Europäischen Union; Beteiligung des Bundesrates, der Bundesregierung]

(1) Zur Verwirklichung eines vereinten Europas wirkt die Bundesrepublik Deutschland bei der Entwicklung der Europäischen Union mit, die demokratischen, rechtsstaatlichen, sozialen und föderativen Grundsätzen und dem Grundsatz der Subsidiarität verpflichtet ist und einen diesem Grundgesetz im wesentlichen

vergleichbaren Grundrechtsschutz gewährleistet. Der Bund kann hierzu durch Gesetz mit Zustimmung des Bundesrates Hoheitsrechte übertragen. Für die Begründung der Europäischen Union sowie für Änderungen ihrer vertraglichen Grundlagen und vergleichbare Regelungen, durch die dieses Grundgesetz seinem Inhalt nach geändert oder ergänzt wird oder solche Änderungen oder Ergänzungen ermöglicht werden, gilt Artikel 79 Abs. 2 und 3.

(1a) Der Bundestag und der Bundesrat haben das Recht, wegen Verstoßes eines Gesetzgebungsakts der Europäischen Union gegen das Subsidiaritätsprinzip vor dem Gerichtshof der Europäischen Union Klage zu erheben. Der Bundestag ist hierzu auf Antrag eines Viertels seiner Mitglieder verpflichtet. Durch Gesetz, das der Zustimmung des Bundesrates bedarf, können für die Wahrnehmung der Rechte, die dem Bundestag und dem Bundesrat in den vertraglichen Grundlagen der Europäischen Union eingeräumt sind, Ausnahmen von Artikel 42 Abs. 2 Satz 1 und Artikel 52 Abs. 3 Satz 1 zugelassen werden.

(2) In Angelegenheiten der Europäischen Union wirken der Bundestag und durch den Bundesrat die Länder mit. Die Bundesregierung hat den Bundestag und den Bundesrat umfassend und zum frühestmöglichen Zeitpunkt zu unterrichten.

(3) Die Bundesregierung gibt dem Bundestag Gelegenheit zur Stellungnahme vor ihrer Mitwirkung an Rechtsetzungsakten der Europäischen Union. Die Bundesregierung berücksichtigt die Stellungnahmen des Bundestages bei den Verhandlungen. Das Nähere regelt ein Gesetz.

(4) Der Bundesrat ist an der Willensbildung des Bundes zu beteiligen, soweit er an einer entsprechenden innerstaatlichen Maßnahme mitzuwirken hätte oder soweit die Länder innerstaatlich zuständig wären.

(5) Soweit in einem Bereich ausschließlicher Zuständigkeiten des Bundes Interessen der Länder berührt sind oder soweit im übrigen der Bund das Recht zur Gesetzgebung hat, berücksichtigt die Bundesregierung die Stellungnahme des Bundesrates. Wenn im Schwerpunkt Gesetzgebungsbefugnisse der Länder, die Einrichtung ihrer Behörden oder ihre Verwaltungsverfahren betroffen sind, ist bei der Willensbildung des Bundes insoweit die Auffassung des Bundesrates maßgeblich zu berücksichtigen; dabei ist die gesamtstaatliche Verantwortung des Bundes zu wahren. In Angelegenheiten, die zu Ausgabenerhöhungen oder Einnahmeminderungen für den Bund führen können, ist die Zustimmung der Bundesregierung erforderlich.
(6) Wenn im Schwerpunkt ausschließliche Gesetzgebungsbefugnisse der Länder auf den Gebieten der schulischen Bildung, der Kultur oder des Rundfunks betroffen sind, wird die Wahrnehmung der Rechte, die der Bundesrepublik Deutschland als Mitgliedstaat der Europäischen Union zustehen, vom Bund auf einen vom Bundesrat benannten Vertreter der Länder übertragen. Die Wahrnehmung der Rechte erfolgt unter Beteiligung und in Abstimmung mit der Bundesregierung; dabei ist die gesamtstaatliche Verantwortung des Bundes zu wahren.
(7) Das Nähere zu den Absätzen 4 bis 6 regelt ein Gesetz, das der Zustimmung des Bundesrates bedarf.

Art. 24 [Kollektives Sicherheitssystem]

(1) Der Bund kann durch Gesetz Hoheitsrechte auf zwischenstaatliche Einrichtungen übertragen.
(1a) Soweit die Länder für die Ausübung der staatlichen Befugnisse und die Erfüllung der staatlichen Aufgaben zuständig sind, können sie mit Zustimmung der Bundesregierung Hoheitsrechte auf grenznachbarschaftliche Einrichtungen übertragen.

(2) Der Bund kann sich zur Wahrung des Friedens einem System gegenseitiger kollektiver Sicherheit einordnen; er wird hierbei in die Beschränkungen seiner Hoheitsrechte einwilligen, die eine friedliche und dauerhafte Ordnung in Europa und zwischen den Völkern der Welt herbeiführen und sichern.
(3) Zur Regelung zwischenstaatlicher Streitigkeiten wird der Bund Vereinbarungen über eine allgemeine, umfassende, obligatorische, internationale Schiedsgerichtsbarkeit beitreten.

Art. 25 [Allgemeines Völkerrecht als Bestandteil des Bundesrechts]

Die allgemeinen Regeln des Völkerrechtes sind Bestandteil des Bundesrechtes. Sie gehen den Gesetzen vor und erzeugen Rechte und Pflichten unmittelbar für die Bewohner des Bundesgebietes.

Art. 26 [Verbot des Angriffskrieges]

(1) Handlungen, die geeignet sind und in der Absicht vorgenommen werden, das friedliche Zusammenleben der Völker zu stören, insbesondere die Führung eines Angriffskrieges vorzubereiten, sind verfassungswidrig. Sie sind unter Strafe zu stellen.
(2) Zur Kriegführung bestimmte Waffen dürfen nur mit Genehmigung der Bundesregierung hergestellt, befördert und in Verkehr gebracht werden. Das Nähere regelt ein Bundesgesetz.

Art. 27 [Handelsflotte]

Alle deutschen Kauffahrteischiffe bilden eine einheitliche Handelsflotte.

Art. 28 [Verfassung der Länder]

(1) Die verfassungsmäßige Ordnung in den Ländern muß den Grundsätzen des republikanischen, demokratischen und so-

zialen Rechtsstaates im Sinne dieses Grundgesetzes entsprechen. In den Ländern, Kreisen und Gemeinden muß das Volk eine Vertretung haben, die aus allgemeinen, unmittelbaren, freien, gleichen und geheimen Wahlen hervorgegangen ist. Bei Wahlen in Kreisen und Gemeinden sind auch Personen, die die Staatsangehörigkeit eines Mitgliedstaates der Europäischen Gemeinschaft besitzen, nach Maßgabe von Recht der Europäischen Gemeinschaft wahlberechtigt und wählbar. In Gemeinden kann an die Stelle einer gewählten Körperschaft die Gemeindeversammlung treten.

(2) Den Gemeinden muß das Recht gewährleistet sein, alle Angelegenheiten der örtlichen Gemeinschaft im Rahmen der Gesetze in eigener Verantwortung zu regeln. Auch die Gemeindeverbände haben im Rahmen ihres gesetzlichen Aufgabenbereiches nach Maßgabe der Gesetze das Recht der Selbstverwaltung. Die Gewährleistung der Selbstverwaltung umfaßt auch die Grundlagen der finanziellen Eigenverantwortung; zu diesen Grundlagen gehört eine den Gemeinden mit Hebesatzrecht zustehende wirtschaftskraftbezogene Steuerquelle.

(3) Der Bund gewährleistet, daß die verfassungsmäßige Ordnung der Länder den Grundrechten und den Bestimmungen der Absätze 1 und 2 entspricht.

Art. 29 [Neugliederung des Bundesgebietes]

(1) Das Bundesgebiet kann neu gegliedert werden, um zu gewährleisten, daß die Länder nach Größe und Leistungsfähigkeit die ihnen obliegenden Aufgaben wirksam erfüllen können. Dabei sind die landsmannschaftliche Verbundenheit, die geschichtlichen und kulturellen Zusammenhänge, die wirtschaftliche Zweckmäßigkeit sowie die Erfordernisse der Raumordnung und der Landesplanung zu berücksichtigen.

(2) Maßnahmen zur Neugliederung des Bundesgebietes ergehen durch Bundesgesetz, das der Bestätigung durch Volksentscheid bedarf. Die betroffenen Länder sind zu hören.

(3) Der Volksentscheid findet in den Ländern statt, aus deren Gebieten oder Gebietsteilen ein neues oder neu umgrenztes Land gebildet werden soll (betroffene Länder). Abzustimmen ist über die Frage, ob die betroffenen Länder wie bisher bestehenbleiben sollen oder ob das neue oder neu umgrenzte Land gebildet werden soll. Der Volksentscheid für die Bildung eines neuen oder neu umgrenzten Landes kommt zustande, wenn in dessen künftigem Gebiet und insgesamt in den Gebieten oder Gebietsteilen eines betroffenen Landes, deren Landeszugehörigkeit im gleichen Sinne geändert werden soll, jeweils eine Mehrheit der Änderung zustimmt. Er kommt nicht zustande, wenn im Gebiet eines der betroffenen Länder eine Mehrheit die Änderung ablehnt; die Ablehnung ist jedoch unbeachtlich, wenn in einem Gebietsteil, dessen Zugehörigkeit zu dem betroffenen Land geändert werden soll, eine Mehrheit von zwei Dritteln der Änderung zustimmt, es sei denn, daß im Gesamtgebiet des betroffenen Landes eine Mehrheit von zwei Dritteln die Änderung ablehnt.

(4) Wird in einem zusammenhängenden, abgegrenzten Siedlungs- und Wirtschaftsraum, dessen Teile in mehreren Ländern liegen und der mindestens eine Million Einwohner hat, von einem Zehntel der in ihm zum Bundestag Wahlberechtigten durch Volksbegehren gefordert, daß für diesen Raum eine einheitliche Landeszugehörigkeit herbeigeführt werde, so ist durch Bundesgesetz innerhalb von zwei Jahren entweder zu bestimmen, ob die Landeszugehörigkeit gemäß Absatz 2 geändert wird, oder daß in den betroffenen Ländern eine Volksbefragung stattfindet.

(5) Die Volksbefragung ist darauf gerichtet festzustellen, ob eine in dem Gesetz vorzuschlagende Änderung der Landeszugehörigkeit Zustimmung findet. Das Gesetz kann verschiedene, jedoch nicht mehr als zwei Vorschläge der Volksbefragung vorlegen. Stimmt eine Mehrheit einer vorgeschlagenen Änderung der Landeszugehörigkeit zu, so ist durch Bundesgesetz innerhalb von zwei Jahren zu bestimmen, ob die Landeszugehörigkeit gemäß Absatz 2 geändert wird. Findet ein der Volksbefragung vorgelegter Vorschlag eine den Maßgaben des Absatzes 3 Satz 3 und 4 entsprechende Zustimmung, so ist innerhalb von zwei Jahren nach der Durchführung der Volksbefragung ein Bundesgesetz zur Bildung des vorgeschlagenen Landes zu erlassen, das der Bestätigung durch Volksentscheid nicht mehr bedarf.
(6) Mehrheit im Volksentscheid und in der Volksbefragung ist die Mehrheit der abgegebenen Stimmen, wenn sie mindestens ein Viertel der zum Bundestag Wahlberechtigten umfaßt. Im übrigen wird das Nähere über Volksentscheid, Volksbegehren und Volksbefragung durch ein Bundesgesetz geregelt; dieses kann auch vorsehen, daß Volksbegehren innerhalb eines Zeitraumes von fünf Jahren nicht wiederholt werden können.
(7) Sonstige Änderungen des Gebietsbestandes der Länder können durch Staatsverträge der beteiligten Länder oder durch Bundesgesetz mit Zustimmung des Bundesrates erfolgen, wenn das Gebiet, dessen Landeszugehörigkeit geändert werden soll, nicht mehr als 50.000 Einwohner hat. Das Nähere regelt ein Bundesgesetz, das der Zustimmung des Bundesrates und der Mehrheit der Mitglieder des Bundestages bedarf. Es muß die Anhörung der betroffenen Gemeinden und Kreise vorsehen.
(8) Die Länder können eine Neugliederung für das jeweils von ihnen umfaßte Gebiet oder für Teilgebiete abweichend von den Vorschriften der Absätze 2 bis 7 durch Staatsvertrag regeln.

Die betroffenen Gemeinden und Kreise sind zu hören. Der Staatsvertrag bedarf der Bestätigung durch Volksentscheid in jedem beteiligten Land. Betrifft der Staatsvertrag Teilgebiete der Länder, kann die Bestätigung auf Volksentscheide in diesen Teilgebieten beschränkt werden; Satz 5 zweiter Halbsatz findet keine Anwendung. Bei einem Volksentscheid entscheidet die Mehrheit der abgegebenen Stimmen, wenn sie mindestens ein Viertel der zum Bundestag Wahlberechtigten umfaßt; das Nähere regelt ein Bundesgesetz. Der Staatsvertrag bedarf der Zustimmung des Bundestages.

Art. 30 [Funktionen der Länder]

Die Ausübung der staatlichen Befugnisse und die Erfüllung der staatlichen Aufgaben ist Sache der Länder, soweit dieses Grundgesetz keine andere Regelung trifft oder zuläßt.

Art. 31 [Vorrang des Bundesrechts]

Bundesrecht bricht Landesrecht.

Art. 32 [Auswärtige Beziehungen]

(1) Die Pflege der Beziehungen zu auswärtigen Staaten ist Sache des Bundes.

(2) Vor dem Abschlusse eines Vertrages, der die besonderen Verhältnisse eines Landes berührt, ist das Land rechtzeitig zu hören.

(3) Soweit die Länder für die Gesetzgebung zuständig sind, können sie mit Zustimmung der Bundesregierung mit auswärtigen Staaten Verträge abschließen.

Art. 33 [Staatsbürgerliche Rechte]

(1) Jeder Deutsche hat in jedem Lande die gleichen staatsbürgerlichen Rechte und Pflichten.

(2) Jeder Deutsche hat nach seiner Eignung, Befähigung und fachlichen Leistung gleichen Zugang zu jedem öffentlichen Amte.
(3) Der Genuß bürgerlicher und staatsbürgerlicher Rechte, die Zulassung zu öffentlichen Ämtern sowie die im öffentlichen Dienste erworbenen Rechte sind unabhängig von dem religiösen Bekenntnis. Niemandem darf aus seiner Zugehörigkeit oder Nichtzugehörigkeit zu einem Bekenntnisse oder einer Weltanschauung ein Nachteil erwachsen.
(4) Die Ausübung hoheitsrechtlicher Befugnisse ist als ständige Aufgabe in der Regel Angehörigen des öffentlichen Dienstes zu übertragen, die in einem öffentlich-rechtlichen Dienst- und Treueverhältnis stehen.
(5) Das Recht des öffentlichen Dienstes ist unter Berücksichtigung der hergebrachten Grundsätze des Berufsbeamtentums zu regeln und fortzuentwickeln.

Art. 34 [Haftung bei Amtspflichtverletzung]

Verletzt jemand in Ausübung eines ihm anvertrauten öffentlichen Amtes die ihm einem Dritten gegenüber obliegende Amtspflicht, so trifft die Verantwortlichkeit grundsätzlich den Staat oder die Körperschaft, in deren Dienst er steht. Bei Vorsatz oder grober Fahrlässigkeit bleibt der Rückgriff vorbehalten. Für den Anspruch auf Schadensersatz und für den Rückgriff darf der ordentliche Rechtsweg nicht ausgeschlossen werden.

Art. 35 [Rechts- und Amtshilfe]

(1) Alle Behörden des Bundes und der Länder leisten sich gegenseitig Rechts- und Amtshilfe.
(2) Zur Aufrechterhaltung oder Wiederherstellung der öffentlichen Sicherheit oder Ordnung kann ein Land in Fällen von besonderer Bedeutung Kräfte und Einrichtungen des Bun-

desgrenzschutzes zur Unterstützung seiner Polizei anfordern, wenn die Polizei ohne diese Unterstützung eine Aufgabe nicht oder nur unter erheblichen Schwierigkeiten erfüllen könnte. Zur Hilfe bei einer Naturkatastrophe oder bei einem besonders schweren Unglücksfall kann ein Land Polizeikräfte anderer Länder, Kräfte und Einrichtungen anderer Verwaltungen sowie des Bundesgrenzschutzes und der Streitkräfte anfordern.
(3) Gefährdet die Naturkatastrophe oder der Unglücksfall das Gebiet mehr als eines Landes, so kann die Bundesregierung, soweit es zur wirksamen Bekämpfung erforderlich ist, den Landesregierungen die Weisung erteilen, Polizeikräfte anderen Ländern zur Verfügung zu stellen, sowie Einheiten des Bundesgrenzschutzes und der Streitkräfte zur Unterstützung der Polizeikräfte einsetzen. Maßnahmen der Bundesregierung nach Satz 1 sind jederzeit auf Verlangen des Bundesrates, im übrigen unverzüglich nach Beseitigung der Gefahr aufzuheben.

Art. 36 [Beamte der Bundesbehörden]

(1) Bei den obersten Bundesbehörden sind Beamte aus allen Ländern in angemessenem Verhältnis zu verwenden. Die bei den übrigen Bundesbehörden beschäftigten Personen sollen in der Regel aus dem Lande genommen werden, in dem sie tätig sind.
(2) Die Wehrgesetze haben auch die Gliederung des Bundes in Länder und ihre besonderen landsmannschaftlichen Verhältnisse zu berücksichtigen.

Art. 37 [Bundeszwang]

(1) Wenn ein Land die ihm nach dem Grundgesetze oder einem anderen Bundesgesetze obliegenden Bundespflichten nicht erfüllt, kann die Bundesregierung mit Zustimmung des Bundesrates die notwendigen Maßnahmen treffen, um das Land

im Wege des Bundeszwanges zur Erfüllung seiner Pflichten anzuhalten.
(2) Zur Durchführung des Bundeszwanges hat die Bundesregierung oder ihr Beauftragter das Weisungsrecht gegenüber allen Ländern und ihren Behörden.

III.
Der Bundestag

Art. 38 [Wahl]

(1) Die Abgeordneten des Deutschen Bundestages werden in allgemeiner, unmittelbarer, freier, gleicher und geheimer Wahl gewählt. Sie sind Vertreter des ganzen Volkes, an Aufträge und Weisungen nicht gebunden und nur ihrem Gewissen unterworfen.
(2) Wahlberechtigt ist, wer das achtzehnte Lebensjahr vollendet hat; wählbar ist, wer das Alter erreicht hat, mit dem die Volljährigkeit eintritt.
(3) Das Nähere bestimmt ein Bundesgesetz.

Art. 39 [Zusammentritt und Wahlperiode]

(1) Der Bundestag wird vorbehaltlich der nachfolgenden Bestimmungen auf vier Jahre gewählt. Seine Wahlperiode endet mit dem Zusammentritt eines neuen Bundestages. Die Neuwahl findet frühestens sechsundvierzig, spätestens achtundvierzig Monate nach Beginn der Wahlperiode statt. Im Falle einer Auflösung des Bundestages findet die Neuwahl innerhalb von sechzig Tagen statt.
(2) Der Bundestag tritt spätestens am dreißigsten Tage nach der Wahl zusammen.

(3) Der Bundestag bestimmt den Schluß und den Wiederbeginn seiner Sitzungen. Der Präsident des Bundestages kann ihn früher einberufen. Er ist hierzu verpflichtet, wenn ein Drittel der Mitglieder, der Bundespräsident oder der Bundeskanzler es verlangen.

Art. 40 [Präsident; Geschäftsordnung]

(1) Der Bundestag wählt seinen Präsidenten, dessen Stellvertreter und die Schriftführer. Er gibt sich eine Geschäftsordnung.
(2) Der Präsident übt das Hausrecht und die Polizeigewalt im Gebäude des Bundestages aus. Ohne seine Genehmigung darf in den Räumen des Bundestages keine Durchsuchung oder Beschlagnahme stattfinden.

Art. 41 [Wahlprüfung]

(1) Die Wahlprüfung ist Sache des Bundestages. Er entscheidet auch, ob ein Abgeordneter des Bundestages die Mitgliedschaft verloren hat.
(2) Gegen die Entscheidung des Bundestages ist die Beschwerde an das Bundesverfassungsgericht zulässig.
(3) Das Nähere regelt ein Bundesgesetz.

Art. 42 [Öffentlichkeit der Sitzungen; Mehrheitsprinzip]

(1) Der Bundestag verhandelt öffentlich. Auf Antrag eines Zehntels seiner Mitglieder oder auf Antrag der Bundesregierung kann mit Zweidrittelmehrheit die Öffentlichkeit ausgeschlossen werden. Über den Antrag wird in nichtöffentlicher Sitzung entschieden.
(2) Zu einem Beschlusse des Bundestages ist die Mehrheit der abgegebenen Stimmen erforderlich, soweit dieses Grundgesetz nichts anderes bestimmt. Für die vom Bundestage vorzunehmenden Wahlen kann die Geschäftsordnung Ausnahmen zulassen.

(3) Wahrheitsgetreue Berichte über die öffentlichen Sitzungen des Bundestages und seiner Ausschüsse bleiben von jeder Verantwortlichkeit frei.

Art. 43 [Anwesenheit der Bundesregierung]

(1) Der Bundestag und seine Ausschüsse können die Anwesenheit jedes Mitgliedes der Bundesregierung verlangen.
(2) Die Mitglieder des Bundesrates und der Bundesregierung sowie ihre Beauftragten haben zu allen Sitzungen des Bundestages und seiner Ausschüsse Zutritt. Sie müssen jederzeit gehört werden.

Art. 44 [Untersuchungsausschüsse]

(1) Der Bundestag hat das Recht und auf Antrag eines Viertels seiner Mitglieder die Pflicht, einen Untersuchungsausschuß einzusetzen, der in öffentlicher Verhandlung die erforderlichen Beweise erhebt. Die Öffentlichkeit kann ausgeschlossen werden.
(2) Auf Beweiserhebungen finden die Vorschriften über den Strafprozeß sinngemäß Anwendung. Das Brief-, Post- und Fernmeldegeheimnis bleibt unberührt.
(3) Gerichte und Verwaltungsbehörden sind zur Rechts- und Amtshilfe verpflichtet.
(4) Die Beschlüsse der Untersuchungsausschüsse sind der richterlichen Erörterung entzogen. In der Würdigung und Beurteilung des der Untersuchung zugrunde liegenden Sachverhaltes sind die Gerichte frei.

Art. 45 [Ausschuss für die Angelegenheiten der Europäischen Union]

Der Bundestag bestellt einen Ausschuß für die Angelegenheiten der Europäischen Union. Er kann ihn ermächtigen, die Rechte des Bundestages gemäß Artikel 23 gegenüber der Bundesregierung wahrzunehmen. Er kann ihn auch ermächtigen, die Rechte wahrzunehmen, die dem Bundestag in den vertraglichen Grundlagen der Europäischen Union eingeräumt sind.

Art. 45a [Ausschüsse für auswärtige Angelegenheiten und für Verteidigung]

(1) Der Bundestag bestellt einen Ausschuß für auswärtige Angelegenheiten und einen Ausschuß für Verteidigung.
(2) Der Ausschuß für Verteidigung hat auch die Rechte eines Untersuchungsausschusses. Auf Antrag eines Viertels seiner Mitglieder hat er die Pflicht, eine Angelegenheit zum Gegenstand seiner Untersuchung zu machen.
(3) Artikel 44 Abs. 1 findet auf dem Gebiet der Verteidigung keine Anwendung.

Art. 45b [Wehrbeauftragter des Bundestages]

Zum Schutz der Grundrechte und als Hilfsorgan des Bundestages bei der Ausübung der parlamentarischen Kontrolle wird ein Wehrbeauftragter des Bundestages berufen. Das Nähere regelt ein Bundesgesetz.

Art. 45c [Petitionsausschuss des Bundestages]

(1) Der Bundestag bestellt einen Petitionsausschuß, dem die Behandlung der nach Artikel 17 an den Bundestag gerichteten Bitten und Beschwerden obliegt.
(2) Die Befugnisse des Ausschusses zur Überprüfung von Beschwerden regelt ein Bundesgesetz.

Art. 45d [Parlamentarisches Kontrollgremium]

(1) Der Bundestag bestellt ein Gremium zur Kontrolle der nachrichtendienstlichen Tätigkeit des Bundes.
(2) Das Nähere regelt ein Bundesgesetz.

Art. 46 [Indemnität und Immunität der Abgeordneten]
(1) Ein Abgeordneter darf zu keiner Zeit wegen seiner Abstimmung oder wegen einer Äußerung, die er im Bundestage oder in einem seiner Ausschüsse getan hat, gerichtlich oder dienstlich verfolgt oder sonst außerhalb des Bundestages zur Verantwortung gezogen werden. Dies gilt nicht für verleumderische Beleidigungen.
(2) Wegen einer mit Strafe bedrohten Handlung darf ein Abgeordneter nur mit Genehmigung des Bundestages zur Verantwortung gezogen oder verhaftet werden, es sei denn, daß er bei Begehung der Tat oder im Laufe des folgenden Tages festgenommen wird.
(3) Die Genehmigung des Bundestages ist ferner bei jeder anderen Beschränkung der persönlichen Freiheit eines Abgeordneten oder zur Einleitung eines Verfahrens gegen einen Abgeordneten gemäß Artikel 18 erforderlich.
(4) Jedes Strafverfahren und jedes Verfahren gemäß Artikel 18 gegen einen Abgeordneten, jede Haft und jede sonstige Beschränkung seiner persönlichen Freiheit sind auf Verlangen des Bundestages auszusetzen.

Art. 47 [Zeugnisverweigerungsrecht der Abgeordneten]
Die Abgeordneten sind berechtigt, über Personen, die ihnen in ihrer Eigenschaft als Abgeordnete oder denen sie in dieser Eigenschaft Tatsachen anvertraut haben, sowie über diese Tatsachen selbst das Zeugnis zu verweigern. Soweit dieses Zeugnisverweigerungsrecht reicht, ist die Beschlagnahme von Schriftstücken unzulässig.

Art. 48 [Ansprüche der Abgeordneten]
(1) Wer sich um einen Sitz im Bundestage bewirbt, hat Anspruch auf den zur Vorbereitung seiner Wahl erforderlichen Urlaub.

(2) Niemand darf gehindert werden, das Amt eines Abgeordneten zu übernehmen und auszuüben. Eine Kündigung oder Entlassung aus diesem Grunde ist unzulässig.
(3) Die Abgeordneten haben Anspruch auf eine angemessene, ihre Unabhängigkeit sichernde Entschädigung. Sie haben das Recht der freien Benutzung aller staatlichen Verkehrsmittel. Das Nähere regelt ein Bundesgesetz.

Art. 49 (aufgehoben)

IV.
Der Bundesrat

Art. 50 [Aufgabe]

Durch den Bundesrat wirken die Länder bei der Gesetzgebung und Verwaltung des Bundes und in Angelegenheiten der Europäischen Union mit.

Art. 51 [Zusammensetzung]

(1) Der Bundesrat besteht aus Mitgliedern der Regierungen der Länder, die sie bestellen und abberufen. Sie können durch andere Mitglieder ihrer Regierungen vertreten werden.
(2) Jedes Land hat mindestens drei Stimmen, Länder mit mehr als zwei Millionen Einwohnern haben vier, Länder mit mehr als sechs Millionen Einwohnern fünf, Länder mit mehr als sieben Millionen Einwohnern sechs Stimmen.
(3) Jedes Land kann so viele Mitglieder entsenden, wie es Stimmen hat. Die Stimmen eines Landes können nur einheitlich und nur durch anwesende Mitglieder oder deren Vertreter abgegeben werden.

Art. 52 [Präsident; Beschlussfassung; Bildung einer Europakammer]

(1) Der Bundesrat wählt seinen Präsidenten auf ein Jahr.

(2) Der Präsident beruft den Bundesrat ein. Er hat ihn einzuberufen, wenn die Vertreter von mindestens zwei Ländern oder die Bundesregierung es verlangen.

(3) Der Bundesrat faßt seine Beschlüsse mit mindestens der Mehrheit seiner Stimmen. Er gibt sich eine Geschäftsordnung. Er verhandelt öffentlich. Die Öffentlichkeit kann ausgeschlossen werden.

(3a) Für Angelegenheiten der Europäischen Union kann der Bundesrat eine Europakammer bilden, deren Beschlüsse als Beschlüsse des Bundesrates gelten; die Anzahl der einheitlich abzugebenden Stimmen der Länder bestimmt sich nach Artikel 51 Abs. 2.

(4) Den Ausschüssen des Bundesrates können andere Mitglieder oder Beauftragte der Regierungen der Länder angehören.

Art. 53 [Teilnahme der Bundesregierung]

Die Mitglieder der Bundesregierung haben das Recht und auf Verlangen die Pflicht, an den Verhandlungen des Bundesrates und seiner Ausschüsse teilzunehmen. Sie müssen jederzeit gehört werden. Der Bundesrat ist von der Bundesregierung über die Führung der Geschäfte auf dem laufenden zu halten.

IVa.
Gemeinsamer Ausschuß

Art. 53a [Gemeinsamer Ausschuss]

(1) Der Gemeinsame Ausschuß besteht zu zwei Dritteln aus Abgeordneten des Bundestages, zu einem Drittel aus Mitgliedern

des Bundesrates. Die Abgeordneten werden vom Bundestage entsprechend dem Stärkeverhältnis der Fraktionen bestimmt; sie dürfen nicht der Bundesregierung angehören. Jedes Land wird durch ein von ihm bestelltes Mitglied des Bundesrates vertreten; diese Mitglieder sind nicht an Weisungen gebunden. Die Bildung des Gemeinsamen Ausschusses und sein Verfahren werden durch eine Geschäftsordnung geregelt, die vom Bundestage zu beschließen ist und der Zustimmung des Bundesrates bedarf.
(2) Die Bundesregierung hat den Gemeinsamen Ausschuß über ihre Planungen für den Verteidigungsfall zu unterrichten. Die Rechte des Bundestages und seiner Ausschüsse nach Artikel 43 Abs. 1 bleiben unberührt.

V.
Der Bundespräsident

Art. 54 [Wahl durch die Bundesversammlung]
(1) Der Bundespräsident wird ohne Aussprache von der Bundesversammlung gewählt. Wählbar ist jeder Deutsche, der das Wahlrecht zum Bundestage besitzt und das vierzigste Lebensjahr vollendet hat.
(2) Das Amt des Bundespräsidenten dauert fünf Jahre. Anschließende Wiederwahl ist nur einmal zulässig.
(3) Die Bundesversammlung besteht aus den Mitgliedern des Bundestages und einer gleichen Anzahl von Mitgliedern, die von den Volksvertretungen der Länder nach den Grundsätzen der Verhältniswahl gewählt werden.
(4) Die Bundesversammlung tritt spätestens dreißig Tage vor Ablauf der Amtszeit des Bundespräsidenten, bei vorzeitiger Beendigung spätestens dreißig Tage nach diesem Zeitpunkt

zusammen. Sie wird von dem Präsidenten des Bundestages einberufen.
(5) Nach Ablauf der Wahlperiode beginnt die Frist des Absatzes 4 Satz 1 mit dem ersten Zusammentritt des Bundestages.
(6) Gewählt ist, wer die Stimmen der Mehrheit der Mitglieder der Bundesversammlung erhält. Wird diese Mehrheit in zwei Wahlgängen von keinem Bewerber erreicht, so ist gewählt, wer in einem weiteren Wahlgang die meisten Stimmen auf sich vereinigt.
(7) Das Nähere regelt ein Bundesgesetz.

Art. 55 [Berufs- und Gewerbeverbot]

(1) Der Bundespräsident darf weder der Regierung noch einer gesetzgebenden Körperschaft des Bundes oder eines Landes angehören.
(2) Der Bundespräsident darf kein anderes besoldetes Amt, kein Gewerbe und keinen Beruf ausüben und weder der Leitung noch dem Aufsichtsrate eines auf Erwerb gerichteten Unternehmens angehören.

Art. 56 [Amtseid]

Der Bundespräsident leistet bei seinem Amtsantritt vor den versammelten Mitgliedern des Bundestages und des Bundesrates folgenden Eid:

„Ich schwöre, daß ich meine Kraft dem Wohle des deutschen Volkes widmen, seinen Nutzen mehren, Schaden von ihm wenden, das Grundgesetz und die Gesetze des Bundes wahren und verteidigen, meine Pflichten gewissenhaft erfüllen und Gerechtigkeit gegen jedermann üben werde. So wahr mir Gott helfe."

Der Eid kann auch ohne religiöse Beteuerung geleistet werden.

Art. 57 [Vertretung]

Die Befugnisse des Bundespräsidenten werden im Falle seiner Verhinderung oder bei vorzeitiger Erledigung des Amtes durch den Präsidenten des Bundesrates wahrgenommen.

Art. 58 [Gegenzeichnung]

Anordnungen und Verfügungen des Bundespräsidenten bedürfen zu ihrer Gültigkeit der Gegenzeichnung durch den Bundeskanzler oder durch den zuständigen Bundesminister. Dies gilt nicht für die Ernennung und Entlassung des Bundeskanzlers, die Auflösung des Bundestages gemäß Artikel 63 und das Ersuchen gemäß Artikel 69 Abs. 3.

Art. 59 [Völkerrechtliche Vertretungsmacht]

(1) Der Bundespräsident vertritt den Bund völkerrechtlich. Er schließt im Namen des Bundes die Verträge mit auswärtigen Staaten. Er beglaubigt und empfängt die Gesandten.

(2) Verträge, welche die politischen Beziehungen des Bundes regeln oder sich auf Gegenstände der Bundesgesetzgebung beziehen, bedürfen der Zustimmung oder der Mitwirkung der jeweils für die Bundesgesetzgebung zuständigen Körperschaften in der Form eines Bundesgesetzes. Für Verwaltungsabkommen gelten die Vorschriften über die Bundesverwaltung entsprechend.

Art. 59a (aufgehoben)

Art. 60 [Ernennung der Bundesbeamten und Soldaten]

(1) Der Bundespräsident ernennt und entläßt die Bundesrichter, die Bundesbeamten, die Offiziere und Unteroffiziere, soweit gesetzlich nichts anderes bestimmt ist.

(2) Er übt im Einzelfalle für den Bund das Begnadigungsrecht aus.

(3) Er kann diese Befugnisse auf andere Behörden übertragen.
(4) Die Absätze 2 bis 4 des Artikels 46 finden auf den Bundespräsidenten entsprechende Anwendung.

Art. 61 [Anklage vor dem Bundesverfassungsgericht]

(1) Der Bundestag oder der Bundesrat können den Bundespräsidenten wegen vorsätzlicher Verletzung des Grundgesetzes oder eines anderen Bundesgesetzes vor dem Bundesverfassungsgericht anklagen. Der Antrag auf Erhebung der Anklage muß von mindestens einem Viertel der Mitglieder des Bundestages oder einem Viertel der Stimmen des Bundesrates gestellt werden. Der Beschluß auf Erhebung der Anklage bedarf der Mehrheit von zwei Dritteln der Mitglieder des Bundestages oder von zwei Dritteln der Stimmen des Bundesrates. Die Anklage wird von einem Beauftragten der anklagenden Körperschaft vertreten.
(2) Stellt das Bundesverfassungsgericht fest, daß der Bundespräsident einer vorsätzlichen Verletzung des Grundgesetzes oder eines anderen Bundesgesetzes schuldig ist, so kann es ihn des Amtes für verlustig erklären. Durch einstweilige Anordnung kann es nach der Erhebung der Anklage bestimmen, daß er an der Ausübung seines Amtes verhindert ist.

VI.
Die Bundesregierung

Art. 62 [Zusammensetzung]

Die Bundesregierung besteht aus dem Bundeskanzler und aus den Bundesministern.

Art. 63 [Wahl des Bundeskanzlers]

(1) Der Bundeskanzler wird auf Vorschlag des Bundespräsidenten vom Bundestage ohne Aussprache gewählt.

(2) Gewählt ist, wer die Stimmen der Mehrheit der Mitglieder des Bundestages auf sich vereinigt. Der Gewählte ist vom Bundespräsidenten zu ernennen.

(3) Wird der Vorgeschlagene nicht gewählt, so kann der Bundestag binnen vierzehn Tagen nach dem Wahlgange mit mehr als der Hälfte seiner Mitglieder einen Bundeskanzler wählen.

(4) Kommt eine Wahl innerhalb dieser Frist nicht zustande, so findet unverzüglich ein neuer Wahlgang statt, in dem gewählt ist, wer die meisten Stimmen erhält. Vereinigt der Gewählte die Stimmen der Mehrheit der Mitglieder des Bundestages auf sich, so muß der Bundespräsident ihn binnen sieben Tagen nach der Wahl ernennen. Erreicht der Gewählte diese Mehrheit nicht, so hat der Bundespräsident binnen sieben Tagen entweder ihn zu ernennen oder den Bundestag aufzulösen.

Art. 64 [Ernennung der Bundesminister]

(1) Die Bundesminister werden auf Vorschlag des Bundeskanzlers vom Bundespräsidenten ernannt und entlassen.

(2) Der Bundeskanzler und die Bundesminister leisten bei der Amtsübernahme vor dem Bundestage den in Artikel 56 vorgesehenen Eid.

Art. 65 [Verantwortung]

Der Bundeskanzler bestimmt die Richtlinien der Politik und trägt dafür die Verantwortung. Innerhalb dieser Richtlinien leitet jeder Bundesminister seinen Geschäftsbereich selbständig und unter eigener Verantwortung. Über Meinungsverschiedenheiten zwischen den Bundesministern entscheidet die Bundesregierung. Der Bundeskanzler leitet ihre Geschäfte nach einer von der Bundesregierung beschlossenen und vom Bundespräsidenten genehmigten Geschäftsordnung.

Art. 65a [Befehls- und Kommandogewalt über die Streitkräfte]

Der Bundesminister für Verteidigung hat die Befehls- und Kommandogewalt über die Streitkräfte.

Art. 66 [Berufs- und Gewerbeverbot]

Der Bundeskanzler und die Bundesminister dürfen kein anderes besoldetes Amt, kein Gewerbe und keinen Beruf ausüben und weder der Leitung noch ohne Zustimmung des Bundestages dem Aufsichtsrate eines auf Erwerb gerichteten Unternehmens angehören.

Art. 67 [Misstrauensvotum]

(1) Der Bundestag kann dem Bundeskanzler das Mißtrauen nur dadurch aussprechen, daß er mit der Mehrheit seiner Mitglieder einen Nachfolger wählt und den Bundespräsidenten ersucht, den Bundeskanzler zu entlassen. Der Bundespräsident muß dem Ersuchen entsprechen und den Gewählten ernennen.
(2) Zwischen dem Antrage und der Wahl müssen achtundvierzig Stunden liegen.

Art. 68 [Auflösung des Bundestages]

(1) Findet ein Antrag des Bundeskanzlers, ihm das Vertrauen auszusprechen, nicht die Zustimmung der Mehrheit der Mitglieder des Bundestages, so kann der Bundespräsident auf Vorschlag des Bundeskanzlers binnen einundzwanzig Tagen den Bundestag auflösen. Das Recht zur Auflösung erlischt, sobald der Bundestag mit der Mehrheit seiner Mitglieder einen anderen Bundeskanzler wählt.

(2) Zwischen dem Antrage und der Abstimmung müssen achtundvierzig Stunden liegen.

Art. 69 [Stellvertreter des Bundeskanzlers]

(1) Der Bundeskanzler ernennt einen Bundesminister zu seinem Stellvertreter.
(2) Das Amt des Bundeskanzlers oder eines Bundesministers endigt in jedem Falle mit dem Zusammentritt eines neuen Bundestages, das Amt eines Bundesministers auch mit jeder anderen Erledigung des Amtes des Bundeskanzlers.
(3) Auf Ersuchen des Bundespräsidenten ist der Bundeskanzler, auf Ersuchen des Bundeskanzlers oder des Bundespräsidenten ein Bundesminister verpflichtet, die Geschäfte bis zur Ernennung seines Nachfolgers weiterzuführen.

VII.
Die Gesetzgebung des Bundes

Art. 70 [Gesetzgebung des Bundes und der Länder]

(1) Die Länder haben das Recht der Gesetzgebung, soweit dieses Grundgesetz nicht dem Bunde Gesetzgebungsbefugnisse verleiht.
(2) Die Abgrenzung der Zuständigkeit zwischen Bund und Ländern bemißt sich nach den Vorschriften dieses Grundgesetzes über die ausschließliche und die konkurrierende Gesetzgebung.

Art. 71 [Ausschließliche Gesetzgebung]

Im Bereiche der ausschließlichen Gesetzgebung des Bundes haben die Länder die Befugnis zur Gesetzgebung nur, wenn und soweit sie hierzu in einem Bundesgesetze ausdrücklich ermächtigt werden.

Art. 72 [Konkurrierende Gesetzgebung]

(1) Im Bereich der konkurrierenden Gesetzgebung haben die Länder die Befugnis zur Gesetzgebung, solange und soweit der Bund von seiner Gesetzgebungszuständigkeit nicht durch Gesetz Gebrauch gemacht hat.

(2) Auf den Gebieten des Artikels 74 Abs. 1 Nr. 4, 7, 11, 13, 15, 19a, 20, 22, 25 und 26 hat der Bund das Gesetzgebungsrecht, wenn und soweit die Herstellung gleichwertiger Lebensverhältnisse im Bundesgebiet oder die Wahrung der Rechts- oder Wirtschaftseinheit im gesamtstaatlichen Interesse eine bundesgesetzliche Regelung erforderlich macht.

(3) Hat der Bund von seiner Gesetzgebungszuständigkeit Gebrauch gemacht, können die Länder durch Gesetz hiervon abweichende Regelungen treffen über:

1. das Jagdwesen (ohne das Recht der Jagdscheine);
2. den Naturschutz und die Landschaftspflege (ohne die allgemeinen Grundsätze des Naturschutzes, das Recht des Artenschutzes oder des Meeresnaturschutzes);
3. die Bodenverteilung;
4. die Raumordnung;
5. den Wasserhaushalt (ohne stoff- oder anlagenbezogene Regelungen);
6. die Hochschulzulassung und die Hochschulabschlüsse.

Bundesgesetze auf diesen Gebieten treten frühestens sechs Monate nach ihrer Verkündung in Kraft, soweit nicht mit Zustimmung des Bundesrates anderes bestimmt ist. Auf den Gebieten des Satzes 1 geht im Verhältnis von Bundes- und Landesrecht das jeweils spätere Gesetz vor.

(4) Durch Bundesgesetz kann bestimmt werden, daß eine bundesgesetzliche Regelung, für die eine Erforderlichkeit im Sinne des Absatzes 2 nicht mehr besteht, durch Landesrecht ersetzt werden kann.

Art. 73 [Gegenstände der ausschließlichen Gesetzgebung]

(1) Der Bund hat die ausschließliche Gesetzgebung über:

1. die auswärtigen Angelegenheiten sowie die Verteidigung einschließlich des Schutzes der Zivilbevölkerung;
2. die Staatsangehörigkeit im Bunde;
3. die Freizügigkeit, das Paßwesen, das Melde- und Ausweiswesen, die Ein- und Auswanderung und die Auslieferung;
4. das Währungs-, Geld- und Münzwesen, Maße und Gewichte sowie die Zeitbestimmung;
5. die Einheit des Zoll- und Handelsgebietes, die Handels- und Schiffahrtsverträge, die Freizügigkeit des Warenverkehrs und den Waren- und Zahlungsverkehr mit dem Auslande einschließlich des Zoll- und Grenzschutzes;

5a. den Schutz deutschen Kulturgutes gegen Abwanderung ins Ausland;

6. den Luftverkehr;

6a. den Verkehr von Eisenbahnen, die ganz oder mehrheitlich im Eigentum des Bundes stehen (Eisenbahnen des Bundes), den Bau, die Unterhaltung und das Betreiben von Schienenwegen der Eisenbahnen des Bundes sowie die Erhebung von Entgelten für die Benutzung dieser Schienenwege;

7. das Postwesen und die Telekommunikation;
8. die Rechtsverhältnisse der im Dienste des Bundes und der bundesunmittelbaren Körperschaften des öffentlichen Rechtes stehenden Personen;
9. den gewerblichen Rechtsschutz, das Urheberrecht und das Verlagsrecht;

9a. die Abwehr von Gefahren des internationalen Terrorismus durch das Bundeskriminalpolizeiamt in Fällen, in denen eine länderübergreifende Gefahr vorliegt, die Zuständigkeit einer Landespolizeibehörde nicht erkennbar ist oder die oberste Landesbehörde um eine Übernahme ersucht;
10. die Zusammenarbeit des Bundes und der Länder
    a) in der Kriminalpolizei,
    b) zum Schutze der freiheitlichen demokratischen Grundordnung, des Bestandes und der Sicherheit des Bundes oder eines Landes (Verfassungsschutz) und
    c) zum Schutze gegen Bestrebungen im Bundesgebiet, die durch Anwendung von Gewalt oder darauf gerichtete Vorbereitungshandlungen auswärtige Belange der Bundesrepublik Deutschland gefährden,

    sowie die Einrichtung eines Bundeskriminalpolizeiamtes und die internationale Verbrechensbekämpfung;
11. die Statistik für Bundeszwecke;
12. das Waffen- und das Sprengstoffrecht;
13. die Versorgung der Kriegsbeschädigten und Kriegshinterbliebenen und die Fürsorge für die ehemaligen Kriegsgefangenen;
14. die Erzeugung und Nutzung der Kernenergie zu friedlichen Zwecken, die Errichtung und den Betrieb von Anlagen, die diesen Zwecken dienen, den Schutz gegen Gefahren, die bei Freiwerden von Kernenergie oder durch ionisierende Strahlen entstehen, und die Beseitigung radioaktiver Stoffe.

(2) Gesetze nach Absatz 1 Nr. 9a bedürfen der Zustimmung des Bundesrates.

Art. 74 [Gegenstände der konkurrierenden Gesetzgebung]

(1) Die konkurrierende Gesetzgebung erstreckt sich auf folgende Gebiete:

1. das bürgerliche Recht, das Strafrecht, die Gerichtsverfassung, das gerichtliche Verfahren (ohne das Recht des Untersuchungshaftvollzugs), die Rechtsanwaltschaft, das Notariat und die Rechtsberatung;
2. das Personenstandswesen;
3. das Vereinsrecht;
4. das Aufenthalts- und Niederlassungsrecht der Ausländer;
4a. (aufgehoben)
5. (aufgehoben)
6. die Angelegenheiten der Flüchtlinge und Vertriebenen;
7. die öffentliche Fürsorge (ohne das Heimrecht);
8. (aufgehoben)
9. die Kriegsschäden und die Wiedergutmachung;
10. die Kriegsgräber und Gräber anderer Opfer des Krieges und Opfer von Gewaltherrschaft;
11. das Recht der Wirtschaft (Bergbau, Industrie, Energiewirtschaft, Handwerk, Gewerbe, Handel, Bank- und Börsenwesen, privatrechtliches Versicherungswesen) ohne das Recht des Ladenschlusses, der Gaststätten, der Spielhallen, der Schaustellung von Personen, der Messen, der Ausstellungen und der Märkte;
11a. (aufgehoben)
12. das Arbeitsrecht einschließlich der Betriebsverfassung, des Arbeitsschutzes und der Arbeitsvermittlung sowie die Sozialversicherung einschließlich der Arbeitslosenversicherung;
13. die Regelung der Ausbildungsbeihilfen und die Förderung der wissenschaftlichen Forschung;
14. das Recht der Enteignung, soweit sie auf den Sachgebieten der Artikel 73 und 74 in Betracht kommt;

15. die Überführung von Grund und Boden, von Naturschätzen und Produktionsmitteln in Gemeineigentum oder in andere Formen der Gemeinwirtschaft;

16. die Verhütung des Mißbrauchs wirtschaftlicher Machtstellung;

17. die Förderung der land- und forstwirtschaftlichen Erzeugung (ohne das Recht der Flurbereinigung), die Sicherung der Ernährung, die Ein- und Ausfuhr land- und forstwirtschaftlicher Erzeugnisse, die Hochsee- und Küstenfischerei und den Küstenschutz;

18. den städtebaulichen Grundstücksverkehr, das Bodenrecht (ohne das Recht der Erschließungsbeiträge) und das Wohngeldrecht, das Altschuldenhilferecht, das Wohnungsbauprämienrecht, das Bergarbeiterwohnungsbaurecht und das Bergmannssiedlungsrecht;

19. Maßnahmen gegen gemeingefährliche oder übertragbare Krankheiten bei Menschen und Tieren, Zulassung zu ärztlichen und anderen Heilberufen und zum Heilgewerbe, sowie das Recht des Apothekenwesens, der Arzneien, der Medizinprodukte, der Heilmittel, der Betäubungsmittel und der Gifte;

19a. die wirtschaftliche Sicherung der Krankenhäuser und die Regelung der Krankenhauspflegesätze;

20. das Recht der Lebensmittel einschließlich der ihrer Gewinnung dienenden Tiere, das Recht der Genussmittel, Bedarfsgegenstände und Futtermittel sowie den Schutz beim Verkehr mit land- und forstwirtschaftlichem Saat- und Pflanzgut, den Schutz der Pflanzen gegen Krankheiten und Schädlinge sowie den Tierschutz;

21. die Hochsee- und Küstenschiffahrt sowie die Seezeichen, die Binnenschiffahrt, den Wetterdienst, die Seewasserstraßen und die dem allgemeinen Verkehr dienenden Binnenwasserstraßen;

22. den Straßenverkehr, das Kraftfahrwesen, den Bau und die Unterhaltung von Landstraßen für den Fernverkehr sowie die Erhebung und Verteilung von Gebühren oder Entgelten für die Benutzung öffentlicher Straßen mit Fahrzeugen;
23. die Schienenbahnen, die nicht Eisenbahnen des Bundes sind, mit Ausnahme der Bergbahnen;
24. die Abfallwirtschaft, die Luftreinhaltung und die Lärmbekämpfung (ohne Schutz vor verhaltensbezogenem Lärm);
25. die Staatshaftung;
26. die medizinisch unterstützte Erzeugung menschlichen Lebens, die Untersuchung und die künstliche Veränderung von Erbinformationen sowie Regelungen zur Transplantation von Organen, Geweben und Zellen;
27. die Statusrechte und -pflichten der Beamten der Länder, Gemeinden und anderen Körperschaften des öffentlichen Rechts sowie der Richter in den Ländern mit Ausnahme der Laufbahnen, Besoldung und Versorgung;
28. das Jagdwesen;
29. den Naturschutz und die Landschaftspflege;
30. die Bodenverteilung;
31. die Raumordnung;
32. den Wasserhaushalt;
33. die Hochschulzulassung und die Hochschulabschlüsse.

(2) Gesetze nach Absatz 1 Nr. 25 und 27 bedürfen der Zustimmung des Bundesrates.

Art. 74a, 75 (aufgehoben)

Art. 76 [Gesetzesvorlagen]

(1) Gesetzesvorlagen werden beim Bundestage durch die Bundesregierung, aus der Mitte des Bundestages oder durch den Bundesrat eingebracht.

(2) Vorlagen der Bundesregierung sind zunächst dem Bundesrat zuzuleiten. Der Bundesrat ist berechtigt, innerhalb von sechs Wochen zu diesen Vorlagen Stellung zu nehmen. Verlangt er aus wichtigem Grunde, insbesondere mit Rücksicht auf den Umfang einer Vorlage, eine Fristverlängerung, so beträgt die Frist neun Wochen. Die Bundesregierung kann eine Vorlage, die sie bei der Zuleitung an den Bundesrat ausnahmsweise als besonders eilbedürftig bezeichnet hat, nach drei Wochen oder, wenn der Bundesrat ein Verlangen nach Satz 3 geäußert hat, nach sechs Wochen dem Bundestag zuleiten, auch wenn die Stellungnahme des Bundesrates noch nicht bei ihr eingegangen ist; sie hat die Stellungnahme des Bundesrates unverzüglich nach Eingang dem Bundestag nachzureichen. Bei Vorlagen zur Änderung dieses Grundgesetzes und zur Übertragung von Hoheitsrechten nach Artikel 23 oder Artikel 24 beträgt die Frist zur Stellungnahme neun Wochen; Satz 4 findet keine Anwendung.

(3) Vorlagen des Bundesrates sind dem Bundestag durch die Bundesregierung innerhalb von sechs Wochen zuzuleiten. Sie soll hierbei ihre Auffassung darlegen. Verlangt sie aus wichtigem Grunde, insbesondere mit Rücksicht auf den Umfang einer Vorlage, eine Fristverlängerung, so beträgt die Frist neun Wochen. Wenn der Bundesrat eine Vorlage ausnahmsweise als besonders eilbedürftig bezeichnet hat, beträgt die Frist drei Wochen oder, wenn die Bundesregierung ein Verlangen nach Satz 3 geäußert hat, sechs Wochen. Bei Vorlagen zur Änderung dieses Grundgesetzes und zur Übertragung von Hoheitsrechten nach Artikel 23 oder Artikel 24 beträgt die Frist neun Wochen; Satz 4 findet keine Anwendung. Der Bundestag hat über die

Vorlagen in angemessener Frist zu beraten und Beschluß zu fassen.

Art. 77 [Verfahren bei Gesetzesbeschlüssen]

(1) Die Bundesgesetze werden vom Bundestage beschlossen. Sie sind nach ihrer Annahme durch den Präsidenten des Bundestages unverzüglich dem Bundesrate zuzuleiten.

(2) Der Bundesrat kann binnen drei Wochen nach Eingang des Gesetzesbeschlusses verlangen, daß ein aus Mitgliedern des Bundestages und des Bundesrates für die gemeinsame Beratung von Vorlagen gebildeter Ausschuß einberufen wird. Die Zusammensetzung und das Verfahren dieses Ausschusses regelt eine Geschäftsordnung, die vom Bundestag beschlossen wird und der Zustimmung des Bundesrates bedarf. Die in diesen Ausschuß entsandten Mitglieder des Bundesrates sind nicht an Weisungen gebunden. Ist zu einem Gesetze die Zustimmung des Bundesrates erforderlich, so können auch der Bundestag und die Bundesregierung die Einberufung verlangen. Schlägt der Ausschuß eine Änderung des Gesetzesbeschlusses vor, so hat der Bundestag erneut Beschluß zu fassen.

(2a) Soweit zu einem Gesetz die Zustimmung des Bundesrates erforderlich ist, hat der Bundesrat, wenn ein Verlangen nach Absatz 2 Satz 1 nicht gestellt oder das Vermittlungsverfahren ohne einen Vorschlag zur Änderung des Gesetzesbeschlusses beendet ist, in angemessener Frist über die Zustimmung Beschluß zu fassen.

(3) Soweit zu einem Gesetze die Zustimmung des Bundesrates nicht erforderlich ist, kann der Bundesrat, wenn das Verfahren nach Absatz 2 beendigt ist, gegen ein vom Bundestage beschlossenes Gesetz binnen zwei Wochen Einspruch einlegen. Die Einspruchsfrist beginnt im Falle des Absatzes 2 letzter Satz mit dem Eingange des vom Bundestage erneut gefaßten

Beschlusses, in allen anderen Fällen mit dem Eingange der Mitteilung des Vorsitzenden des in Absatz 2 vorgesehenen Ausschusses, daß das Verfahren vor dem Ausschusse abgeschlossen ist.

(4) Wird der Einspruch mit der Mehrheit der Stimmen des Bundesrates beschlossen, so kann er durch Beschluß der Mehrheit der Mitglieder des Bundestages zurückgewiesen werden. Hat der Bundesrat den Einspruch mit einer Mehrheit von mindestens zwei Dritteln seiner Stimmen beschlossen, so bedarf die Zurückweisung durch den Bundestag einer Mehrheit von zwei Dritteln, mindestens der Mehrheit der Mitglieder des Bundestages.

Art. 78 [Zustandekommen von Bundesgesetzen]

Ein vom Bundestage beschlossenes Gesetz kommt zustande, wenn der Bundesrat zustimmt, den Antrag gemäß Artikel 77 Abs. 2 nicht stellt, innerhalb der Frist des Artikels 77 Abs. 3 keinen Einspruch einlegt oder ihn zurücknimmt oder wenn der Einspruch vom Bundestage überstimmt wird.

Art. 79 [Änderungen des Grundgesetzes]

(1) Das Grundgesetz kann nur durch ein Gesetz geändert werden, das den Wortlaut des Grundgesetzes ausdrücklich ändert oder ergänzt. Bei völkerrechtlichen Verträgen, die eine Friedensregelung, die Vorbereitung einer Friedensregelung oder den Abbau einer besatzungsrechtlichen Ordnung zum Gegenstand haben oder der Verteidigung der Bundesrepublik zu dienen bestimmt sind, genügt zur Klarstellung, daß die Bestimmungen des Grundgesetzes dem Abschluß und dem Inkraftsetzen der Verträge nicht entgegenstehen, eine Ergänzung des Wortlautes des Grundgesetzes, die sich auf diese Klarstellung beschränkt.

(2) Ein solches Gesetz bedarf der Zustimmung von zwei Dritteln der Mitglieder des Bundestages und zwei Dritteln der Stimmen des Bundesrates.
(3) Eine Änderung dieses Grundgesetzes, durch welche die Gliederung des Bundes in Länder, die grundsätzliche Mitwirkung der Länder bei der Gesetzgebung oder die in den Artikeln 1 und 20 niedergelegten Grundsätze berührt werden, ist unzulässig.

Art. 80 [Erlass von Rechtsverordnungen]
(1) Durch Gesetz können die Bundesregierung, ein Bundesminister oder die Landesregierungen ermächtigt werden, Rechtsverordnungen zu erlassen. Dabei müssen Inhalt, Zweck und Ausmaß der erteilten Ermächtigung im Gesetze bestimmt werden. Die Rechtsgrundlage ist in der Verordnung anzugeben. Ist durch Gesetz vorgesehen, daß eine Ermächtigung weiter übertragen werden kann, so bedarf es zur Übertragung der Ermächtigung einer Rechtsverordnung.
(2) Der Zustimmung des Bundesrates bedürfen, vorbehaltlich anderweitiger bundesgesetzlicher Regelung, Rechtsverordnungen der Bundesregierung oder eines Bundesministers über Grundsätze und Gebühren für die Benutzung der Einrichtungen des Postwesens und der Telekommunikation, über die Grundsätze der Erhebung des Entgelts für die Benutzung der Einrichtungen der Eisenbahnen des Bundes, über den Bau und Betrieb der Eisenbahnen, sowie Rechtsverordnungen auf Grund von Bundesgesetzen, die der Zustimmung des Bundesrates bedürfen oder die von den Ländern im Auftrage des Bundes oder als eigene Angelegenheit ausgeführt werden.
(3) Der Bundesrat kann der Bundesregierung Vorlagen für den Erlaß von Rechtsverordnungen zuleiten, die seiner Zustimmung bedürfen.

(4) Soweit durch Bundesgesetz oder auf Grund von Bundesgesetzen Landesregierungen ermächtigt werden, Rechtsverordnungen zu erlassen, sind die Länder zu einer Regelung auch durch Gesetz befugt.

Art. 80a [Spannungsfall]

(1) Ist in diesem Grundgesetz oder in einem Bundesgesetz über die Verteidigung einschließlich des Schutzes der Zivilbevölkerung bestimmt, daß Rechtsvorschriften nur nach Maßgabe dieses Artikels angewandt werden dürfen, so ist die Anwendung außer im Verteidigungsfalle nur zulässig, wenn der Bundestag den Eintritt des Spannungsfalles festgestellt oder wenn er der Anwendung besonders zugestimmt hat. Die Feststellung des Spannungsfalles und die besondere Zustimmung in den Fällen des Artikels 12a Abs. 5 Satz 1 und Abs. 6 Satz 2 bedürfen einer Mehrheit von zwei Dritteln der abgegebenen Stimmen.
(2) Maßnahmen auf Grund von Rechtsvorschriften nach Absatz 1 sind aufzuheben, wenn der Bundestag es verlangt.
(3) Abweichend von Absatz 1 ist die Anwendung solcher Rechtsvorschriften auch auf der Grundlage und nach Maßgabe eines Beschlusses zulässig, der von einem internationalen Organ im Rahmen eines Bündnisvertrages mit Zustimmung der Bundesregierung gefaßt wird. Maßnahmen nach diesem Absatz sind aufzuheben, wenn der Bundestag es mit der Mehrheit seiner Mitglieder verlangt.

Art. 81 [Gesetzgebungsnotstand]

(1) Wird im Falle des Artikels 68 der Bundestag nicht aufgelöst, so kann der Bundespräsident auf Antrag der Bundesregierung mit Zustimmung des Bundesrates für eine Gesetzesvorlage den Gesetzgebungsnotstand erklären, wenn der Bundestag sie ablehnt, obwohl die Bundesregierung sie als dringlich bezeichnet

hat. Das gleiche gilt, wenn eine Gesetzesvorlage abgelehnt worden ist, obwohl der Bundeskanzler mit ihr den Antrag des Artikels 68 verbunden hatte.
(2) Lehnt der Bundestag die Gesetzesvorlage nach Erklärung des Gesetzgebungsnotstandes erneut ab oder nimmt er sie in einer für die Bundesregierung als unannehmbar bezeichneten Fassung an, so gilt das Gesetz als zustande gekommen, soweit der Bundesrat ihm zustimmt. Das gleiche gilt, wenn die Vorlage vom Bundestage nicht innerhalb von vier Wochen nach der erneuten Einbringung verabschiedet wird.
(3) Während der Amtszeit eines Bundeskanzlers kann auch jede andere vom Bundestage abgelehnte Gesetzesvorlage innerhalb einer Frist von sechs Monaten nach der ersten Erklärung des Gesetzgebungsnotstandes gemäß Absatz 1 und 2 verabschiedet werden. Nach Ablauf der Frist ist während der Amtszeit des gleichen Bundeskanzlers eine weitere Erklärung des Gesetzgebungsnotstandes unzulässig.
(4) Das Grundgesetz darf durch ein Gesetz, das nach Absatz 2 zustande kommt, weder geändert, noch ganz oder teilweise außer Kraft oder außer Anwendung gesetzt werden.

Art. 82 [Verkündung und Inkrafttreten der Gesetze]

(1) Die nach den Vorschriften dieses Grundgesetzes zustande gekommenen Gesetze werden vom Bundespräsidenten nach Gegenzeichnung ausgefertigt und im Bundesgesetzblatte verkündet. Rechtsverordnungen werden von der Stelle, die sie erläßt, ausgefertigt und vorbehaltlich anderweitiger gesetzlicher Regelung im Bundesgesetzblatte verkündet.
(2) Jedes Gesetz und jede Rechtsverordnung soll den Tag des Inkrafttretens bestimmen. Fehlt eine solche Bestimmung, so treten sie mit dem vierzehnten Tage nach Ablauf des Tages in Kraft, an dem das Bundesgesetzblatt ausgegeben worden ist.

VIII.
Die Ausführung der Bundesgesetze und die Bundesverwaltung

Art. 83 [Grundsatz der Länderexekutive]

Die Länder führen die Bundesgesetze als eigene Angelegenheit aus, soweit dieses Grundgesetz nichts anderes bestimmt oder zuläßt.

Art. 84 [Länderverwaltung und Bundesaufsicht]

(1) Führen die Länder die Bundesgesetze als eigene Angelegenheit aus, so regeln sie die Einrichtung der Behörden und das Verwaltungsverfahren. Wenn Bundesgesetze etwas anderes bestimmen, können die Länder davon abweichende Regelungen treffen. Hat ein Land eine abweichende Regelung nach Satz 2 getroffen, treten in diesem Land hierauf bezogene spätere bundesgesetzliche Regelungen der Einrichtung der Behörden und des Verwaltungsverfahrens frühestens sechs Monate nach ihrer Verkündung in Kraft, soweit nicht mit Zustimmung des Bundesrates anderes bestimmt ist. Artikel 72 Abs. 3 Satz 3 gilt entsprechend. In Ausnahmefällen kann der Bund wegen eines besonderen Bedürfnisses nach bundeseinheitlicher Regelung das Verwaltungsverfahren ohne Abweichungsmöglichkeit für die Länder regeln. Diese Gesetze bedürfen der Zustimmung des Bundesrates. Durch Bundesgesetz dürfen Gemeinden und Gemeindeverbänden Aufgaben nicht übertragen werden.

(2) Die Bundesregierung kann mit Zustimmung des Bundesrates allgemeine Verwaltungsvorschriften erlassen.

(3) Die Bundesregierung übt die Aufsicht darüber aus, daß die Länder die Bundesgesetze dem geltenden Rechte gemäß ausführen. Die Bundesregierung kann zu diesem Zwecke Be-

auftragte zu den obersten Landesbehörden entsenden, mit deren Zustimmung und, falls diese Zustimmung versagt wird, mit Zustimmung des Bundesrates auch zu den nachgeordneten Behörden.
(4) Werden Mängel, die die Bundesregierung bei der Ausführung der Bundesgesetze in den Ländern festgestellt hat, nicht beseitigt, so beschließt auf Antrag der Bundesregierung oder des Landes der Bundesrat, ob das Land das Recht verletzt hat. Gegen den Beschluß des Bundesrates kann das Bundesverfassungsgericht angerufen werden.
(5) Der Bundesregierung kann durch Bundesgesetz, das der Zustimmung des Bundesrates bedarf, zur Ausführung von Bundesgesetzen die Befugnis verliehen werden, für besondere Fälle Einzelweisungen zu erteilen. Sie sind, außer wenn die Bundesregierung den Fall für dringlich erachtet, an die obersten Landesbehörden zu richten.

Art. 85 [Bundesauftragsverwaltung durch die Länder]
(1) Führen die Länder die Bundesgesetze im Auftrage des Bundes aus, so bleibt die Einrichtung der Behörden Angelegenheit der Länder, soweit nicht Bundesgesetze mit Zustimmung des Bundesrates etwas anderes bestimmen. Durch Bundesgesetz dürfen Gemeinden und Gemeindeverbänden Aufgaben nicht übertragen werden.
(2) Die Bundesregierung kann mit Zustimmung des Bundesrates allgemeine Verwaltungsvorschriften erlassen. Sie kann die einheitliche Ausbildung der Beamten und Angestellten regeln. Die Leiter der Mittelbehörden sind mit ihrem Einvernehmen zu bestellen.
(3) Die Landesbehörden unterstehen den Weisungen der zuständigen obersten Bundesbehörden. Die Weisungen sind, außer wenn die Bundesregierung es für dringlich erachtet, an

die obersten Landesbehörden zu richten. Der Vollzug der Weisung ist durch die obersten Landesbehörden sicherzustellen.
(4) Die Bundesaufsicht erstreckt sich auf Gesetzmäßigkeit und Zweckmäßigkeit der Ausführung. Die Bundesregierung kann zu diesem Zwecke Bericht und Vorlage der Akten verlangen und Beauftragte zu allen Behörden entsenden.

Art. 86 [Bundeseigene Verwaltung]

Führt der Bund die Gesetze durch bundeseigene Verwaltung oder durch bundesunmittelbare Körperschaften oder Anstalten des öffentlichen Rechtes aus, so erläßt die Bundesregierung, soweit nicht das Gesetz Besonderes vorschreibt, die allgemeinen Verwaltungsvorschriften. Sie regelt, soweit das Gesetz nichts anderes bestimmt, die Einrichtung der Behörden.

Art. 87 [Gegenstände der bundeseigenen Verwaltung]

(1) In bundeseigener Verwaltung mit eigenem Verwaltungsunterbau werden geführt der Auswärtige Dienst, die Bundesfinanzverwaltung und nach Maßgabe des Artikels 89 die Verwaltung der Bundeswasserstraßen und der Schiffahrt. Durch Bundesgesetz können Bundesgrenzschutzbehörden, Zentralstellen für das polizeiliche Auskunfts- und Nachrichtenwesen, für die Kriminalpolizei und zur Sammlung von Unterlagen für Zwecke des Verfassungsschutzes und des Schutzes gegen Bestrebungen im Bundesgebiet, die durch Anwendung von Gewalt oder darauf gerichtete Vorbereitungshandlungen auswärtige Belange der Bundesrepublik Deutschland gefährden, eingerichtet werden.
(2) Als bundesunmittelbare Körperschaften des öffentlichen Rechtes werden diejenigen sozialen Versicherungsträger geführt, deren Zuständigkeitsbereich sich über das Gebiet eines Landes hinaus erstreckt. Soziale Versicherungsträger, deren

Zuständigkeitsbereich sich über das Gebiet eines Landes, aber nicht über mehr als drei Länder hinaus erstreckt, werden abweichend von Satz 1 als landesunmittelbare Körperschaften des öffentlichen Rechtes geführt, wenn das aufsichtsführende Land durch die beteiligten Länder bestimmt ist.
(3) Außerdem können für Angelegenheiten, für die dem Bunde die Gesetzgebung zusteht, selbständige Bundesoberbehörden und neue bundesunmittelbare Körperschaften und Anstalten des öffentlichen Rechtes durch Bundesgesetz errichtet werden. Erwachsen dem Bunde auf Gebieten, für die ihm die Gesetzgebung zusteht, neue Aufgaben, so können bei dringendem Bedarf bundeseigene Mittel- und Unterbehörden mit Zustimmung des Bundesrates und der Mehrheit der Mitglieder des Bundestages errichtet werden.

Art. 87a [Streitkräfte]

(1) Der Bund stellt Streitkräfte zur Verteidigung auf. Ihre zahlenmäßige Stärke und die Grundzüge ihrer Organisation müssen sich aus dem Haushaltsplan ergeben.
(2) Außer zur Verteidigung dürfen die Streitkräfte nur eingesetzt werden, soweit dieses Grundgesetz es ausdrücklich zuläßt.
(3) Die Streitkräfte haben im Verteidigungsfalle und im Spannungsfalle die Befugnis, zivile Objekte zu schützen und Aufgaben der Verkehrsregelung wahrzunehmen, soweit dies zur Erfüllung ihres Verteidigungsauftrages erforderlich ist. Außerdem kann den Streitkräften im Verteidigungsfalle und im Spannungsfalle der Schutz ziviler Objekte auch zur Unterstützung polizeilicher Maßnahmen übertragen werden; die Streitkräfte wirken dabei mit den zuständigen Behörden zusammen.
(4) Zur Abwehr einer drohenden Gefahr für den Bestand oder die freiheitliche demokratische Grundordnung des Bundes oder

eines Landes kann die Bundesregierung, wenn die Voraussetzungen des Artikels 91 Abs. 2 vorliegen und die Polizeikräfte sowie der Bundesgrenzschutz nicht ausreichen, Streitkräfte zur Unterstützung der Polizei und des Bundesgrenzschutzes beim Schutze von zivilen Objekten und bei der Bekämpfung organisierter und militärisch bewaffneter Aufständischer einsetzen. Der Einsatz von Streitkräften ist einzustellen, wenn der Bundestag oder der Bundesrat es verlangen.

Art. 87b [Bundeswehrverwaltung]

(1) Die Bundeswehrverwaltung wird in bundeseigener Verwaltung mit eigenem Verwaltungsunterbau geführt. Sie dient den Aufgaben des Personalwesens und der unmittelbaren Deckung des Sachbedarfs der Streitkräfte. Aufgaben der Beschädigtenversorgung und des Bauwesens können der Bundeswehrverwaltung nur durch Bundesgesetz, das der Zustimmung des Bundesrates bedarf, übertragen werden. Der Zustimmung des Bundesrates bedürfen ferner Gesetze, soweit sie die Bundeswehrverwaltung zu Eingriffen in Rechte Dritter ermächtigen; das gilt nicht für Gesetze auf dem Gebiete des Personalwesens.
(2) Im übrigen können Bundesgesetze, die der Verteidigung einschließlich des Wehrersatzwesens und des Schutzes der Zivilbevölkerung dienen, mit Zustimmung des Bundesrates bestimmen, daß sie ganz oder teilweise in bundeseigener Verwaltung mit eigenem Verwaltungsunterbau oder von den Ländern im Auftrage des Bundes ausgeführt werden. Werden solche Gesetze von den Ländern im Auftrage des Bundes ausgeführt, so können sie mit Zustimmung des Bundesrates bestimmen, daß die der Bundesregierung und den zuständigen obersten Bundesbehörden auf Grund des Artikels 85 zustehenden Befugnisse ganz oder teilweise Bundesoberbehörden übertragen werden; dabei kann bestimmt werden, daß diese Behörden beim Erlaß allgemeiner

Verwaltungsvorschriften gemäß Artikel 85 Abs. 2 Satz 1 nicht der Zustimmung des Bundesrates bedürfen.

Art. 87c [Bestimmungen über Erzeugung und Nutzung der Kernenergie]

Gesetze, die auf Grund des Artikels 73 Abs. 1 Nr. 14 ergehen, können mit Zustimmung des Bundesrates bestimmen, daß sie von den Ländern im Auftrage des Bundes ausgeführt werden.

Art. 87d [Luftverkehrsverwaltung]

(1) Die Luftverkehrsverwaltung wird in Bundesverwaltung geführt. Aufgaben der Flugsicherung können auch durch ausländische Flugsicherungsorganisationen wahrgenommen werden, die nach Recht der Europäischen Gemeinschaft zugelassen sind. Das Nähere regelt ein Bundesgesetz.
(2) Durch Bundesgesetz, das der Zustimmung des Bundesrates bedarf, können Aufgaben der Luftverkehrsverwaltung den Ländern als Auftragsverwaltung übertragen werden.

Art. 87e [Eisenbahnen des Bundes]

(1) Die Eisenbahnverkehrsverwaltung für Eisenbahnen des Bundes wird in bundeseigener Verwaltung geführt. Durch Bundesgesetz können Aufgaben der Eisenbahnverkehrsverwaltung den Ländern als eigene Angelegenheit übertragen werden.
(2) Der Bund nimmt die über den Bereich der Eisenbahnen des Bundes hinausgehenden Aufgaben der Eisenbahnverkehrsverwaltung wahr, die ihm durch Bundesgesetz übertragen werden.
(3) Eisenbahnen des Bundes werden als Wirtschaftsunternehmen in privat-rechtlicher Form geführt. Diese stehen im Eigentum des Bundes, soweit die Tätigkeit des Wirtschaftsunternehmens den Bau, die Unterhaltung und das Betreiben von Schienenwegen umfaßt. Die Veräußerung von Anteilen des Bundes an den

Unternehmen nach Satz 2 erfolgt auf Grund eines Gesetzes; die Mehrheit der Anteile an diesen Unternehmen verbleibt beim Bund. Das Nähere wird durch Bundesgesetz geregelt.
(4) Der Bund gewährleistet, daß dem Wohl der Allgemeinheit, insbesondere den Verkehrsbedürfnissen, beim Ausbau und Erhalt des Schienennetzes der Eisenbahnen des Bundes sowie bei deren Verkehrsangeboten auf diesem Schienennetz, soweit diese nicht den Schienenpersonennahverkehr betreffen, Rechnung getragen wird. Das Nähere wird durch Bundesgesetz geregelt.
(5) Gesetze auf Grund der Absätze 1 bis 4 bedürfen der Zustimmung des Bundesrates. Der Zustimmung des Bundesrates bedürfen ferner Gesetze, die die Auflösung, die Verschmelzung und die Aufspaltung von Eisenbahnunternehmen des Bundes, die Übertragung von Schienenwegen der Eisenbahnen des Bundes an Dritte sowie die Stillegung von Schienenwegen der Eisenbahnen des Bundes regeln oder Auswirkungen auf den Schienenpersonennahverkehr haben.

Art. 87f [Post und Telekommunikation]

(1) Nach Maßgabe eines Bundesgesetzes, das der Zustimmung des Bundesrates bedarf, gewährleistet der Bund im Bereich des Postwesens und der Telekommunikation flächendeckend angemessene und ausreichende Dienstleistungen.
(2) Dienstleistungen im Sinne des Absatzes 1 werden als privatwirtschaftliche Tätigkeiten durch die aus dem Sondervermögen Deutsche Bundespost hervorgegangenen Unternehmen und durch andere private Anbieter erbracht. Hoheitsaufgaben im Bereich des Postwesens und der Telekommunikation werden in bundeseigener Verwaltung ausgeführt.
(3) Unbeschadet des Absatzes 2 Satz 2 führt der Bund in der Rechtsform einer bundesunmittelbaren Anstalt des öffent-

lichen Rechts einzelne Aufgaben in bezug auf die aus dem Sondervermögen Deutsche Bundespost hervorgegangenen Unternehmen nach Maßgabe eines Bundesgesetzes aus.

Art. 88 [Bundesbank]

Der Bund errichtet eine Währungs- und Notenbank als Bundesbank. Ihre Aufgaben und Befugnisse können im Rahmen der Europäischen Union der Europäischen Zentralbank übertragen werden, die unabhängig ist und dem vorrangigen Ziel der Sicherung der Preisstabilität verpflichtet.

Art. 89 [Bundeswasserstraßen]

(1) Der Bund ist Eigentümer der bisherigen Reichswasserstraßen.
(2) Der Bund verwaltet die Bundeswasserstraßen durch eigene Behörden. Er nimmt die über den Bereich eines Landes hinausgehenden staatlichen Aufgaben der Binnenschiffahrt und die Aufgaben der Seeschiffahrt wahr, die ihm durch Gesetz übertragen werden. Er kann die Verwaltung von Bundeswasserstraßen, soweit sie im Gebiete eines Landes liegen, diesem Lande auf Antrag als Auftragsverwaltung übertragen. Berührt eine Wasserstraße das Gebiet mehrerer Länder, so kann der Bund das Land beauftragen, für das die beteiligten Länder es beantragen.
(3) Bei der Verwaltung, dem Ausbau und dem Neubau von Wasserstraßen sind die Bedürfnisse der Landeskultur und der Wasserwirtschaft im Einvernehmen mit den Ländern zu wahren.

Art. 90 [Bundesautobahnen und Bundesstraßen]

(1) Der Bund ist Eigentümer der bisherigen Reichsautobahnen und Reichsstraßen.

(2) Die Länder oder die nach Landesrecht zuständigen Selbstverwaltungskörperschaften verwalten die Bundesautobahnen und sonstigen Bundesstraßen des Fernverkehrs im Auftrage des Bundes.
(3) Auf Antrag eines Landes kann der Bund Bundesautobahnen und sonstige Bundesstraßen des Fernverkehrs, soweit sie im Gebiet dieses Landes liegen, in bundeseigene Verwaltung übernehmen.

Art. 91 [Abwehr von Gefahren für den Bestand des Bundes]

(1) Zur Abwehr einer drohenden Gefahr für den Bestand oder die freiheitliche demokratische Grundordnung des Bundes oder eines Landes kann ein Land Polizeikräfte anderer Länder sowie Kräfte und Einrichtungen anderer Verwaltungen und des Bundesgrenzschutzes anfordern.
(2) Ist das Land, in dem die Gefahr droht, nicht selbst zur Bekämpfung der Gefahr bereit oder in der Lage, so kann die Bundesregierung die Polizei in diesem Lande und die Polizeikräfte anderer Länder ihren Weisungen unterstellen sowie Einheiten des Bundesgrenzschutzes einsetzen. Die Anordnung ist nach Beseitigung der Gefahr, im übrigen jederzeit auf Verlangen des Bundesrates aufzuheben. Erstreckt sich die Gefahr auf das Gebiet mehr als eines Landes, so kann die Bundesregierung, soweit es zur wirksamen Bekämpfung erforderlich ist, den Landesregierungen Weisungen erteilen; Satz 1 und Satz 2 bleiben unberührt.

VIIIa. Gemeinschaftsaufgaben, Verwaltungszusammenarbeit

Art. 91a [Mitwirkungsbereiche des Bundes bei Länderaufgaben]

(1) Der Bund wirkt auf folgenden Gebieten bei der Erfüllung von Aufgaben der Länder mit, wenn diese Aufgaben für die Gesamtheit bedeutsam sind und die Mitwirkung des Bundes zur Verbesserung der Lebensverhältnisse erforderlich ist (Gemeinschaftsaufgaben):

1. Verbesserung der regionalen Wirtschaftsstruktur,
2. Verbesserung der Agrarstruktur und des Küstenschutzes.

(2) Durch Bundesgesetz mit Zustimmung des Bundesrates werden die Gemeinschaftsaufgaben sowie Einzelheiten der Koordinierung näher bestimmt.

(3) Der Bund trägt in den Fällen des Absatzes 1 Nr. 1 die Hälfte der Ausgaben in jedem Land. In den Fällen des Absatzes 1 Nr. 2 trägt der Bund mindestens die Hälfte; die Beteiligung ist für alle Länder einheitlich festzusetzen. Das Nähere regelt das Gesetz. Die Bereitstellung der Mittel bleibt der Feststellung in den Haushaltsplänen des Bundes und der Länder vorbehalten.

Art. 91b [Bildungsplanung und Forschungsförderung]

(1) Bund und Länder können auf Grund von Vereinbarungen in Fällen überregionaler Bedeutung zusammenwirken bei der Förderung von:

1. Einrichtungen und Vorhaben der wissenschaftlichen Forschung außerhalb von Hochschulen;
2. Vorhaben der Wissenschaft und Forschung an Hochschulen;

3. Forschungsbauten an Hochschulen einschließlich Großgeräten.

Vereinbarungen nach Satz 1 Nr. 2 bedürfen der Zustimmung aller Länder.

(2) Bund und Länder können auf Grund von Vereinbarungen zur Feststellung der Leistungsfähigkeit des Bildungswesens im internationalen Vergleich und bei diesbezüglichen Berichten und Empfehlungen zusammenwirken.

(3) Die Kostentragung wird in der Vereinbarung geregelt.

Art. 91c [Informationstechnische Systeme]

(1) Bund und Länder können bei der Planung, der Errichtung und dem Betrieb der für ihre Aufgabenerfüllung benötigten informationstechnischen Systeme zusammenwirken.

(2) Bund und Länder können auf Grund von Vereinbarungen die für die Kommunikation zwischen ihren informationstechnischen Systemen notwendigen Standards und Sicherheitsanforderungen festlegen. Vereinbarungen über die Grundlagen der Zusammenarbeit nach Satz 1 können für einzelne nach Inhalt und Ausmaß bestimmte Aufgaben vorsehen, dass nähere Regelungen bei Zustimmung einer in der Vereinbarung zu bestimmenden qualifizierten Mehrheit für Bund und Länder in Kraft treten. Sie bedürfen der Zustimmung des Bundestages und der Volksvertretungen der beteiligten Länder; das Recht zur Kündigung dieser Vereinbarungen kann nicht ausgeschlossen werden. Die Vereinbarungen regeln auch die Kostentragung.

(3) Die Länder können darüber hinaus den gemeinschaftlichen Betrieb informationstechnischer Systeme sowie die Errichtung von dazu bestimmten Einrichtungen vereinbaren.

(4) Der Bund errichtet zur Verbindung der informationstechnischen Netze des Bundes und der Länder ein Verbindungsnetz. Das Nähere zur Errichtung und zum Betrieb des Verbindungs-

netzes regelt ein Bundesgesetz mit Zustimmung des Bundesrates.

Art. 91d [Leistungsvergleich]

Bund und Länder können zur Feststellung und Förderung der Leistungsfähigkeit ihrer Verwaltungen Vergleichsstudien durchführen und die Ergebnisse veröffentlichen.

IX.
Die Rechtsprechung

Art. 92 [Gerichtsorganisation]

Die rechtsprechende Gewalt ist den Richtern anvertraut; sie wird durch das Bundesverfassungsgericht, durch die in diesem Grundgesetze vorgesehenen Bundesgerichte und durch die Gerichte der Länder ausgeübt.

Art. 93 [Bundesverfassungsgericht, Zuständigkeit]

(1) Das Bundesverfassungsgericht entscheidet:

1. über die Auslegung dieses Grundgesetzes aus Anlaß von Streitigkeiten über den Umfang der Rechte und Pflichten eines obersten Bundesorgans oder anderer Beteiligter, die durch dieses Grundgesetz oder in der Geschäftsordnung eines obersten Bundesorgans mit eigenen Rechten ausgestattet sind;
2. bei Meinungsverschiedenheiten oder Zweifeln über die förmliche und sachliche Vereinbarkeit von Bundesrecht oder Landesrecht mit diesem Grundgesetze oder die Vereinbarkeit von Landesrecht mit sonstigem Bundesrechte auf Antrag der Bundesregierung, einer Landesregierung oder eines Viertels der Mitglieder des Bundestages;

2a. bei Meinungsverschiedenheiten, ob ein Gesetz den Voraussetzungen des Artikels 72 Abs. 2 entspricht, auf Antrag des Bundesrates, einer Landesregierung oder der Volksvertretung eines Landes;
3. bei Meinungsverschiedenheiten über Rechte und Pflichten des Bundes und der Länder, insbesondere bei der Ausführung von Bundesrecht durch die Länder und bei der Ausübung der Bundesaufsicht;
4. in anderen öffentlich-rechtlichen Streitigkeiten zwischen dem Bunde und den Ländern, zwischen verschiedenen Ländern oder innerhalb eines Landes, soweit nicht ein anderer Rechtsweg gegeben ist;
4a. über Verfassungsbeschwerden, die von jedermann mit der Behauptung erhoben werden können, durch die öffentliche Gewalt in einem seiner Grundrechte oder in einem seiner in Artikel 20 Abs. 4, 33, 38, 101, 103 und 104 enthaltenen Rechte verletzt zu sein;
4b. über Verfassungsbeschwerden von Gemeinden und Gemeindeverbänden wegen Verletzung des Rechts auf Selbstverwaltung nach Artikel 28 durch ein Gesetz, bei Landesgesetzen jedoch nur, soweit nicht Beschwerde beim Landesverfassungsgericht erhoben werden kann;
4c. über Beschwerden von Vereinigungen gegen ihre Nichtanerkennung als Partei für die Wahl zum Bundestag;
5. in den übrigen in diesem Grundgesetze vorgesehenen Fällen.

(2) Das Bundesverfassungsgericht entscheidet außerdem auf Antrag des Bundesrates, einer Landesregierung oder der Volksvertretung eines Landes, ob im Falle des Artikels 72 Abs. 4 die Erforderlichkeit für eine bundesgesetzliche Regelung nach Artikel 72 Abs. 2 nicht mehr besteht oder Bundesrecht in den Fällen des Artikels 125a Abs. 2 Satz 1 nicht mehr erlassen wer-

den könnte. Die Feststellung, dass die Erforderlichkeit entfallen ist oder Bundesrecht nicht mehr erlassen werden könnte, ersetzt ein Bundesgesetz nach Artikel 72 Abs. 4 oder nach Artikel 125a Abs. 2 Satz 2. Der Antrag nach Satz 1 ist nur zulässig, wenn eine Gesetzesvorlage nach Artikel 72 Abs. 4 oder nach Artikel 125a Abs. 2 Satz 2 im Bundestag abgelehnt oder über sie nicht innerhalb eines Jahres beraten und Beschluss gefasst oder wenn eine entsprechende Gesetzesvorlage im Bundesrat abgelehnt worden ist.
(3) Das Bundesverfassungsgericht wird ferner in den ihm sonst durch Bundesgesetz zugewiesenen Fällen tätig.

Art. 94 [Bundesverfassungsgericht, Zusammensetzung]

(1) Das Bundesverfassungsgericht besteht aus Bundesrichtern und anderen Mitgliedern. Die Mitglieder des Bundesverfassungsgerichtes werden je zur Hälfte vom Bundestage und vom Bundesrate gewählt. Sie dürfen weder dem Bundestage, dem Bundesrate, der Bundesregierung noch entsprechenden Organen eines Landes angehören.
(2) Ein Bundesgesetz regelt seine Verfassung und das Verfahren und bestimmt, in welchen Fällen seine Entscheidungen Gesetzeskraft haben. Es kann für Verfassungsbeschwerden die vorherige Erschöpfung des Rechtsweges zur Voraussetzung machen und ein besonderes Annahmeverfahren vorsehen.

Art. 95 [Oberste Gerichtshöfe des Bundes]

(1) Für die Gebiete der ordentlichen, der Verwaltungs-, der Finanz-, der Arbeits- und der Sozialgerichtsbarkeit errichtet der Bund als oberste Gerichtshöfe den Bundesgerichtshof, das Bundesverwaltungsgericht, den Bundesfinanzhof, das Bundesarbeitsgericht und das Bundessozialgericht.

(2) Über die Berufung der Richter dieser Gerichte entscheidet der für das jeweilige Sachgebiet zuständige Bundesminister gemeinsam mit einem Richterwahlausschuß, der aus den für das jeweilige Sachgebiet zuständigen Ministern der Länder und einer gleichen Anzahl von Mitgliedern besteht, die vom Bundestage gewählt werden.
(3) Zur Wahrung der Einheitlichkeit der Rechtsprechung ist ein Gemeinsamer Senat der in Absatz 1 genannten Gerichte zu bilden. Das Nähere regelt ein Bundesgesetz.

Art. 96 [Bundesgerichte]

(1) Der Bund kann für Angelegenheiten des gewerblichen Rechtsschutzes ein Bundesgericht errichten.
(2) Der Bund kann Wehrstrafgerichte für die Streitkräfte als Bundesgerichte errichten. Sie können die Strafgerichtsbarkeit nur im Verteidigungsfalle sowie über Angehörige der Streitkräfte ausüben, die in das Ausland entsandt oder an Bord von Kriegsschiffen eingeschifft sind. Das Nähere regelt ein Bundesgesetz. Diese Gerichte gehören zum Geschäftsbereich des Bundesjustizministers. Ihre hauptamtlichen Richter müssen die Befähigung zum Richteramt haben.
(3) Oberster Gerichtshof für die in Absatz 1 und 2 genannten Gerichte ist der Bundesgerichtshof.
(4) Der Bund kann für Personen, die zu ihm in einem öffentlich-rechtlichen Dienstverhältnis stehen, Bundesgerichte zur Entscheidung in Disziplinarverfahren und Beschwerdeverfahren errichten.
(5) Für Strafverfahren auf den folgenden Gebieten kann ein Bundesgesetz mit Zustimmung des Bundesrates vorsehen, dass Gerichte der Länder Gerichtsbarkeit des Bundes ausüben:

1. Völkermord;
2. völkerstrafrechtliche Verbrechen gegen die Menschlichkeit;

3. Kriegsverbrechen;
4. andere Handlungen, die geeignet sind und in der Absicht vorgenommen werden, das friedliche Zusammenleben der Völker zu stören (Artikel 26 Abs. 1);
5. Staatsschutz.

Art. 97 [Unabhängigkeit der Richter]

(1) Die Richter sind unabhängig und nur dem Gesetze unterworfen.

(2) Die hauptamtlich und planmäßig endgültig angestellten Richter können wider ihren Willen nur kraft richterlicher Entscheidung und nur aus Gründen und unter den Formen, welche die Gesetze bestimmen, vor Ablauf ihrer Amtszeit entlassen oder dauernd oder zeitweise ihres Amtes enthoben oder an eine andere Stelle oder in den Ruhestand versetzt werden. Die Gesetzgebung kann Altersgrenzen festsetzen, bei deren Erreichung auf Lebenszeit angestellte Richter in den Ruhestand treten. Bei Veränderung der Einrichtung der Gerichte oder ihrer Bezirke können Richter an ein anderes Gericht versetzt oder aus dem Amte entfernt werden, jedoch nur unter Belassung des vollen Gehaltes.

Art. 98 [Rechtsstellung der Richter]

(1) Die Rechtsstellung der Bundesrichter ist durch besonderes Bundesgesetz zu regeln.

(2) Wenn ein Bundesrichter im Amte oder außerhalb des Amtes gegen die Grundsätze des Grundgesetzes oder gegen die verfassungsmäßige Ordnung eines Landes verstößt, so kann das Bundesverfassungsgericht mit Zweidrittelmehrheit auf Antrag des Bundestages anordnen, daß der Richter in ein anderes Amt oder in den Ruhestand zu versetzen ist. Im Falle eines vorsätzlichen Verstoßes kann auf Entlassung erkannt werden.

(3) Die Rechtsstellung der Richter in den Ländern ist durch besondere Landesgesetze zu regeln, soweit Artikel 74 Abs. 1 Nr. 27 nichts anderes bestimmt.
(4) Die Länder können bestimmen, daß über die Anstellung der Richter in den Ländern der Landesjustizminister gemeinsam mit einem Richterwahlausschuß entscheidet.
(5) Die Länder können für Landesrichter eine Absatz 2 entsprechende Regelung treffen. Geltendes Landesverfassungsrecht bleibt unberührt. Die Entscheidung über eine Richteranklage steht dem Bundesverfassungsgericht zu.

Art. 99 [Verfassungsstreit innerhalb eines Landes]

Dem Bundesverfassungsgerichte kann durch Landesgesetz die Entscheidung von Verfassungsstreitigkeiten innerhalb eines Landes, den in Artikel 95 Abs. 1 genannten obersten Gerichtshöfen für den letzten Rechtszug die Entscheidung in solchen Sachen zugewiesen werden, bei denen es sich um die Anwendung von Landesrecht handelt.

Art. 100 [Verfassungswidrigkeit von Gesetzen]

(1) Hält ein Gericht ein Gesetz, auf dessen Gültigkeit es bei der Entscheidung ankommt, für verfassungswidrig, so ist das Verfahren auszusetzen und, wenn es sich um die Verletzung der Verfassung eines Landes handelt, die Entscheidung des für Verfassungsstreitigkeiten zuständigen Gerichtes des Landes, wenn es sich um die Verletzung dieses Grundgesetzes handelt, die Entscheidung des Bundesverfassungsgerichtes einzuholen. Dies gilt auch, wenn es sich um die Verletzung dieses Grundgesetzes durch Landesrecht oder um die Unvereinbarkeit eines Landesgesetzes mit einem Bundesgesetze handelt.
(2) Ist in einem Rechtsstreite zweifelhaft, ob eine Regel des Völkerrechtes Bestandteil des Bundesrechtes ist und ob sie

unmittelbar Rechte und Pflichten für den Einzelnen erzeugt (Artikel 25), so hat das Gericht die Entscheidung des Bundesverfassungsgerichtes einzuholen.
(3) Will das Verfassungsgericht eines Landes bei der Auslegung des Grundgesetzes von einer Entscheidung des Bundesverfassungsgerichtes oder des Verfassungsgerichtes eines anderen Landes abweichen, so hat das Verfassungsgericht die Entscheidung des Bundesverfassungsgerichtes einzuholen.

Art. 101 [Ausnahmegerichte]

(1) Ausnahmegerichte sind unzulässig. Niemand darf seinem gesetzlichen Richter entzogen werden.
(2) Gerichte für besondere Sachgebiete können nur durch Gesetz errichtet werden.

Art. 102 [Abschaffung der Todesstrafe]

Die Todesstrafe ist abgeschafft.

Art. 103 [Grundrechte vor Gericht]

(1) Vor Gericht hat jedermann Anspruch auf rechtliches Gehör.
(2) Eine Tat kann nur bestraft werden, wenn die Strafbarkeit gesetzlich bestimmt war, bevor die Tat begangen wurde.
(3) Niemand darf wegen derselben Tat auf Grund der allgemeinen Strafgesetze mehrmals bestraft werden.

Art. 104 [Rechtsgarantien bei Freiheitsentziehung]

(1) Die Freiheit der Person kann nur auf Grund eines förmlichen Gesetzes und nur unter Beachtung der darin vorgeschriebenen Formen beschränkt werden. Festgehaltene Personen dürfen weder seelisch noch körperlich mißhandelt werden.
(2) Über die Zulässigkeit und Fortdauer einer Freiheitsentziehung hat nur der Richter zu entscheiden. Bei jeder nicht auf

richterlicher Anordnung beruhenden Freiheitsentziehung ist unverzüglich eine richterliche Entscheidung herbeizuführen. Die Polizei darf aus eigener Machtvollkommenheit niemanden länger als bis zum Ende des Tages nach dem Ergreifen in eigenem Gewahrsam halten. Das Nähere ist gesetzlich zu regeln.
(3) Jeder wegen des Verdachtes einer strafbaren Handlung vorläufig Festgenommene ist spätestens am Tage nach der Festnahme dem Richter vorzuführen, der ihm die Gründe der Festnahme mitzuteilen, ihn zu vernehmen und ihm Gelegenheit zu Einwendungen zu geben hat. Der Richter hat unverzüglich entweder einen mit Gründen versehenen schriftlichen Haftbefehl zu erlassen oder die Freilassung anzuordnen.
(4) Von jeder richterlichen Entscheidung über die Anordnung oder Fortdauer einer Freiheitsentziehung ist unverzüglich ein Angehöriger des Festgehaltenen oder eine Person seines Vertrauens zu benachrichtigen.

X.
Das Finanzwesen

Art. 104a [Ausgabenverteilung; Lastenverteilung]
(1) Der Bund und die Länder tragen gesondert die Ausgaben, die sich aus der Wahrnehmung ihrer Aufgaben ergeben, soweit dieses Grundgesetz nichts anderes bestimmt.
(2) Handeln die Länder im Auftrage des Bundes, trägt der Bund die sich daraus ergebenden Ausgaben.
(3) Bundesgesetze, die Geldleistungen gewähren und von den Ländern ausgeführt werden, können bestimmen, daß die Geldleistungen ganz oder zum Teil vom Bund getragen werden. Bestimmt das Gesetz, daß der Bund die Hälfte der Ausgaben oder mehr trägt, wird es im Auftrage des Bundes durchgeführt.

(4) Bundesgesetze, die Pflichten der Länder zur Erbringung von Geldleistungen, geldwerten Sachleistungen oder vergleichbaren Dienstleistungen gegenüber Dritten begründen und von den Ländern als eigene Angelegenheit oder nach Absatz 3 Satz 2 im Auftrag des Bundes ausgeführt werden, bedürfen der Zustimmung des Bundesrates, wenn daraus entstehende Ausgaben von den Ländern zu tragen sind.
(5) Der Bund und die Länder tragen die bei ihren Behörden entstehenden Verwaltungsausgaben und haften im Verhältnis zueinander für eine ordnungsmäßige Verwaltung. Das Nähere bestimmt ein Bundesgesetz, das der Zustimmung des Bundesrates bedarf.
(6) Bund und Länder tragen nach der innerstaatlichen Zuständigkeits- und Aufgabenverteilung die Lasten einer Verletzung von supranationalen oder völkerrechtlichen Verpflichtungen Deutschlands. In Fällen länderübergreifender Finanzkorrekturen der Europäischen Union tragen Bund und Länder diese Lasten im Verhältnis 15 zu 85. Die Ländergesamtheit trägt in diesen Fällen solidarisch 35 vom Hundert der Gesamtlasten entsprechend einem allgemeinen Schlüssel; 50 vom Hundert der Gesamtlasten tragen die Länder, die die Lasten verursacht haben, anteilig entsprechend der Höhe der erhaltenen Mittel. Das Nähere regelt ein Bundesgesetz, das der Zustimmung des Bundesrates bedarf.

Art. 104b [Finanzhilfen für bedeutsame Investitionen der Länder]

(1) Der Bund kann, soweit dieses Grundgesetz ihm Gesetzgebungsbefugnisse verleiht, den Ländern Finanzhilfen für besonders bedeutsame Investitionen der Länder und der Gemeinden (Gemeindeverbände) gewähren, die

1. zur Abwehr einer Störung des gesamtwirtschaftlichen Gleichgewichts oder

2. zum Ausgleich unterschiedlicher Wirtschaftskraft im Bundesgebiet oder
3. zur Förderung des wirtschaftlichen Wachstums

erforderlich sind. Abweichend von Satz 1 kann der Bund im Falle von Naturkatastrophen oder außergewöhnlichen Notsituationen, die sich der Kontrolle des Staates entziehen und die staatliche Finanzlage erheblich beeinträchtigen, auch ohne Gesetzgebungsbefugnisse Finanzhilfen gewähren.

(2) Das Nähere, insbesondere die Arten der zu fördernden Investitionen, wird durch Bundesgesetz, das der Zustimmung des Bundesrates bedarf, oder auf Grund des Bundeshaushaltsgesetzes durch Verwaltungsvereinbarung geregelt. Die Mittel sind befristet zu gewähren und hinsichtlich ihrer Verwendung in regelmäßigen Zeitabständen zu überprüfen. Die Finanzhilfen sind im Zeitablauf mit fallenden Jahresbeträgen zu gestalten.

(3) Bundestag, Bundesregierung und Bundesrat sind auf Verlangen über die Durchführung der Maßnahmen und die erzielten Verbesserungen zu unterrichten.

Art. 105 [Gesetzgebungsrecht]

(1) Der Bund hat die ausschließliche Gesetzgebung über die Zölle und Finanzmonopole.

(2) Der Bund hat die konkurrierende Gesetzgebung über die übrigen Steuern, wenn ihm das Aufkommen dieser Steuern ganz oder zum Teil zusteht oder die Voraussetzungen des Artikels 72 Abs. 2 vorliegen.

(2a) Die Länder haben die Befugnis zur Gesetzgebung über die örtlichen Verbrauch- und Aufwandsteuern, solange und soweit sie nicht bundesgesetzlich geregelten Steuern gleichartig sind. Sie haben die Befugnis zur Bestimmung des Steuersatzes bei der Grunderwerbsteuer.

(3) Bundesgesetze über Steuern, deren Aufkommen den Ländern oder den Gemeinden (Gemeindeverbänden) ganz oder zum Teil zufließt, bedürfen der Zustimmung des Bundesrates.

Art. 106 [Verteilung des Steueraufkommens und des Ertrages der Finanzmonopole]

(1) Der Ertrag der Finanzmonopole und das Aufkommen der folgenden Steuern stehen dem Bund zu:

1. die Zölle,
2. die Verbrauchsteuern, soweit sie nicht nach Absatz 2 den Ländern, nach Absatz 3 Bund und Ländern gemeinsam oder nach Absatz 6 den Gemeinden zustehen,
3. die Straßengüterverkehrsteuer, die Kraftfahrzeugsteuer und sonstige auf motorisierte Verkehrsmittel bezogene Verkehrsteuern,
4. die Kapitalverkehrsteuern, die Versicherungsteuer und die Wechselsteuer,
5. die einmaligen Vermögensabgaben und die zur Durchführung des Lastenausgleichs erhobenen Ausgleichsabgaben,
6. die Ergänzungsabgabe zur Einkommensteuer und zur Körperschaftsteuer,
7. Abgaben im Rahmen der Europäischen Gemeinschaften.

(2) Das Aufkommen der folgenden Steuern steht den Ländern zu:

1. die Vermögensteuer,
2. die Erbschaftsteuer,
3. die Verkehrsteuern, soweit sie nicht nach Absatz 1 dem Bund oder nach Absatz 3 Bund und Ländern gemeinsam zustehen,
4. die Biersteuer,
5. die Abgabe von Spielbanken.

(3) Das Aufkommen der Einkommensteuer, der Körperschaftsteuer und der Umsatzsteuer steht dem Bund und den Ländern gemeinsam zu (Gemeinschaftsteuern), soweit das Aufkommen der Einkommensteuer nicht nach Absatz 5 und das Aufkommen der Umsatzsteuer nicht nach Absatz 5a den Gemeinden zugewiesen wird. Am Aufkommen der Einkommensteuer und der Körperschaftsteuer sind der Bund und die Länder je zur Hälfte beteiligt. Die Anteile von Bund und Ländern an der Umsatzsteuer werden durch Bundesgesetz, das der Zustimmung des Bundesrates bedarf, festgesetzt. Bei der Festsetzung ist von folgenden Grundsätzen auszugehen:

1. Im Rahmen der laufenden Einnahmen haben der Bund und die Länder gleichmäßig Anspruch auf Deckung ihrer notwendigen Ausgaben. Dabei ist der Umfang der Ausgaben unter Berücksichtigung einer mehrjährigen Finanzplanung zu ermitteln.
2. Die Deckungsbedürfnisse des Bundes und der Länder sind so aufeinander abzustimmen, daß ein billiger Ausgleich erzielt, eine Überbelastung der Steuerpflichtigen vermieden und die Einheitlichkeit der Lebensverhältnisse im Bundesgebiet gewahrt wird.

Zusätzlich werden in die Festsetzung der Anteile von Bund und Ländern an der Umsatzsteuer Steuermindereinnahmen einbezogen, die den Ländern ab 1. Januar 1996 aus der Berücksichtigung von Kindern im Einkommensteuerrecht entstehen. Das Nähere bestimmt das Bundesgesetz nach Satz 3.

(4) Die Anteile von Bund und Ländern an der Umsatzsteuer sind neu festzusetzen, wenn sich das Verhältnis zwischen den Einnahmen und Ausgaben des Bundes und der Länder wesentlich anders entwickelt; Steuermindereinnahmen, die nach Absatz 3 Satz 5 in die Festsetzung der Umsatzsteueranteile zusätzlich einbezogen werden, bleiben hierbei unberücksichtigt. Werden den Ländern durch Bundesgesetz zusätzliche Ausgaben auf-

erlegt oder Einnahmen entzogen, so kann die Mehrbelastung durch Bundesgesetz, das der Zustimmung des Bundesrates bedarf, auch mit Finanzzuweisungen des Bundes ausgeglichen werden, wenn sie auf einen kurzen Zeitraum begrenzt ist. In dem Gesetz sind die Grundsätze für die Bemessung dieser Finanzzuweisungen und für ihre Verteilung auf die Länder zu bestimmen.

(5) Die Gemeinden erhalten einen Anteil an dem Aufkommen der Einkommensteuer, der von den Ländern an ihre Gemeinden auf der Grundlage der Einkommensteuerleistungen ihrer Einwohner weiterzuleiten ist. Das Nähere bestimmt ein Bundesgesetz, das der Zustimmung des Bundesrates bedarf. Es kann bestimmen, daß die Gemeinden Hebesätze für den Gemeindeanteil festsetzen.

(5a) Die Gemeinden erhalten ab dem 1. Januar 1998 einen Anteil an dem Aufkommen der Umsatzsteuer. Er wird von den Ländern auf der Grundlage eines orts- und wirschaftsbezogenen Schlüssels an ihre Gemeinden weitergeleitet. Das Nähere wird durch Bundesgesetz, das der Zustimmung des Bundesrates bedarf, bestimmt.

(6) Das Aufkommen der Grundsteuer und Gewerbesteuer steht den Gemeinden, das Aufkommen der örtlichen Verbrauch- und Aufwandsteuern steht den Gemeinden oder nach Maßgabe der Landesgesetzgebung den Gemeindeverbänden zu. Den Gemeinden ist das Recht einzuräumen, die Hebesätze der Grundsteuer und Gewerbesteuer im Rahmen der Gesetze festzusetzen. Bestehen in einem Land keine Gemeinden, so steht das Aufkommen der Grundsteuer und Gewerbesteuer sowie der örtlichen Verbrauch- und Aufwandsteuern dem Land zu. Bund und Länder können durch eine Umlage an dem Aufkommen der Gewerbesteuer beteiligt werden. Das Nähere über die Umlage bestimmt ein Bundesgesetz, das der Zustimmung

des Bundesrates bedarf. Nach Maßgabe der Landesgesetzgebung können die Grundsteuer und Gewerbesteuer sowie der Gemeindeanteil vom Aufkommen der Einkommensteuer und der Umsatzsteuer als Bemessungsgrundlagen für Umlagen zugrunde gelegt werden.

(7) Von dem Länderanteil am Gesamtaufkommen der Gemeinschaftsteuern fließt den Gemeinden und Gemeindeverbänden insgesamt ein von der Landesgesetzgebung zu bestimmender Hundertsatz zu. Im übrigen bestimmt die Landesgesetzgebung, ob und inwieweit das Aufkommen der Landessteuern den Gemeinden (Gemeindeverbänden) zufließt.

(8) Veranlaßt der Bund in einzelnen Ländern oder Gemeinden (Gemeindeverbänden) besondere Einrichtungen, die diesen Ländern oder Gemeinden (Gemeindeverbänden) unmittelbar Mehrausgaben oder Mindereinnahmen (Sonderbelastungen) verursachen, gewährt der Bund den erforderlichen Ausgleich, wenn und soweit den Ländern oder Gemeinden (Gemeindeverbänden) nicht zugemutet werden kann, die Sonderbelastungen zu tragen. Entschädigungsleistungen Dritter und finanzielle Vorteile, die diesen Ländern oder Gemeinden (Gemeindeverbänden) als Folge der Einrichtungen erwachsen, werden bei dem Ausgleich berücksichtigt.

(9) Als Einnahmen und Ausgaben der Länder im Sinne dieses Artikels gelten auch die Einnahmen und Ausgaben der Gemeinden (Gemeindeverbände).

Art. 106a [Bundeszuschuss für öffentlichen Personennahverkehr]

Den Ländern steht ab 1. Januar 1996 für den öffentlichen Personennahverkehr ein Betrag aus dem Steueraufkommen des Bundes zu. Das Nähere regelt ein Bundesgesetz, das der Zustimmung des Bundesrates bedarf. Der Betrag nach Satz 1 bleibt bei der Bemessung der Finanzkraft nach Artikel 107 Abs. 2 unberücksichtigt.

Art. 106b [Länderanteil an der Kraftfahrzeugsteuer]
Den Ländern steht ab dem 1. Juli 2009 infolge der Übertragung der Kraftfahrzeugsteuer auf den Bund ein Betrag aus dem Steueraufkommen des Bundes zu. Das Nähere regelt ein Bundesgesetz, das der Zustimmung des Bundesrates bedarf.

Art. 107 [Finanzausgleich; Ergänzungszuweisungen]
(1) Das Aufkommen der Landessteuern und der Länderanteil am Aufkommen der Einkommensteuer und der Körperschaftsteuer stehen den einzelnen Ländern insoweit zu, als die Steuern von den Finanzbehörden in ihrem Gebiet vereinnahmt werden (örtliches Aufkommen). Durch Bundesgesetz, das der Zustimmung des Bundesrates bedarf, sind für die Körperschaftsteuer und die Lohnsteuer nähere Bestimmungen über die Abgrenzung sowie über Art und Umfang der Zerlegung des örtlichen Aufkommens zu treffen. Das Gesetz kann auch Bestimmungen über die Abgrenzung und Zerlegung des örtlichen Aufkommens anderer Steuern treffen. Der Länderanteil am Aufkommen der Umsatzsteuer steht den einzelnen Ländern nach Maßgabe ihrer Einwohnerzahl zu; für einen Teil, höchstens jedoch für ein Viertel dieses Länderanteils, können durch Bundesgesetz, das der Zustimmung des Bundesrates bedarf, Ergänzungsanteile für die Länder vorgesehen werden, deren Einnahmen aus den Landessteuern, aus der Einkommensteuer und der Körperschaftsteuer und nach Artikel 106b je Einwohner unter dem Durchschnitt der Länder liegen; bei der Grunderwerbsteuer ist die Steuerkraft einzubeziehen.
(2) Durch das Gesetz ist sicherzustellen, daß die unterschiedliche Finanzkraft der Länder angemessen ausgeglichen wird; hierbei

sind die Finanzkraft und der Finanzbedarf der Gemeinden (Gemeindeverbände) zu berücksichtigen. Die Voraussetzungen für die Ausgleichsansprüche der ausgleichsberechtigten Länder und für die Ausgleichsverbindlichkeiten der ausgleichspflichtigen Länder sowie die Maßstäbe für die Höhe der Ausgleichsleistungen sind in dem Gesetz zu bestimmen. Es kann auch bestimmen, daß der Bund aus seinen Mitteln leistungsschwachen Ländern Zuweisungen zur ergänzenden Deckung ihres allgemeinen Finanzbedarfs (Ergänzungszuweisungen) gewährt.

Art. 108 [Finanzverwaltung]

(1) Zölle, Finanzmonopole, die bundesgesetzlich geregelten Verbrauchsteuern einschließlich der Einfuhrumsatzsteuer, die Kraftfahrzeugsteuer und sonstige auf motorisierte Verkehrsmittel bezogene Verkehrsteuern ab dem 1. Juli 2009 sowie die Abgaben im Rahmen der Europäischen Gemeinschaften werden durch Bundesfinanzbehörden verwaltet. Der Aufbau dieser Behörden wird durch Bundesgesetz geregelt. Soweit Mittelbehörden eingerichtet sind, werden deren Leiter im Benehmen mit den Landesregierungen bestellt.

(2) Die übrigen Steuern werden durch Landesfinanzbehörden verwaltet. Der Aufbau dieser Behörden und die einheitliche Ausbildung der Beamten können durch Bundesgesetz mit Zustimmung des Bundesrates geregelt werden. Soweit Mittelbehörden eingerichtet sind, werden deren Leiter im Einvernehmen mit der Bundesregierung bestellt.

(3) Verwalten die Landesfinanzbehörden Steuern, die ganz oder zum Teil dem Bund zufließen, so werden sie im Auftrage des Bundes tätig. Artikel 85 Abs. 3 und 4 gilt mit der Maßgabe, daß an die Stelle der Bundesregierung der Bundesminister der Finanzen tritt.

(4) Durch Bundesgesetz, das der Zustimmung des Bundesrates bedarf, kann bei der Verwaltung von Steuern ein Zusammenwirken von Bundes- und Landesfinanzbehörden sowie für Steuern, die unter Absatz 1 fallen, die Verwaltung durch Landesfinanzbehörden und für andere Steuern die Verwaltung durch Bundesfinanzbehörden vorgesehen werden, wenn und soweit dadurch der Vollzug der Steuergesetze erheblich verbessert oder erleichtert wird. Für die den Gemeinden (Gemeindeverbänden) allein zufließenden Steuern kann die den Landesfinanzbehörden zustehende Verwaltung durch die Länder ganz oder zum Teil den Gemeinden (Gemeindeverbänden) übertragen werden.
(5) Das von den Bundesfinanzbehörden anzuwendende Verfahren wird durch Bundesgesetz geregelt. Das von den Landesfinanzbehörden und in den Fällen des Absatzes 4 Satz 2 von den Gemeinden (Gemeindeverbänden) anzuwendende Verfahren kann durch Bundesgesetz mit Zustimmung des Bundesrates geregelt werden.
(6) Die Finanzgerichtsbarkeit wird durch Bundesgesetz einheitlich geregelt.
(7) Die Bundesregierung kann allgemeine Verwaltungsvorschriften erlassen, und zwar mit Zustimmung des Bundesrates, soweit die Verwaltung den Landesfinanzbehörden oder Gemeinden (Gemeindeverbänden) obliegt.

Art. 109 [Haushaltswirtschaft in Bund und Ländern]

(1) Bund und Länder sind in ihrer Haushaltswirtschaft selbständig und voneinander unabhängig.
(2) Bund und Länder erfüllen gemeinsam die Verpflichtungen der Bundesrepublik Deutschland aus Rechtsakten der Europäischen Gemeinschaft auf Grund des Artikels 104 des Vertrags zur Gründung der Europäischen Gemeinschaft zur Ein-

haltung der Haushaltsdisziplin und tragen in diesem Rahmen den Erfordernissen des gesamtwirtschaftlichen Gleichgewichts Rechnung.
(3) Die Haushalte von Bund und Ländern sind grundsätzlich ohne Einnahmen aus Krediten auszugleichen. Bund und Länder können Regelungen zur im Auf- und Abschwung symmetrischen Berücksichtigung der Auswirkungen einer von der Normallage abweichenden konjunkturellen Entwicklung sowie eine Ausnahmeregelung für Naturkatastrophen oder außergewöhnliche Notsituationen, die sich der Kontrolle des Staates entziehen und die staatliche Finanzlage erheblich beeinträchtigen, vorsehen. Für die Ausnahmeregelung ist eine entsprechende Tilgungsregelung vorzusehen. Die nähere Ausgestaltung regelt für den Haushalt des Bundes Artikel 115 mit der Maßgabe, dass Satz 1 entsprochen ist, wenn die Einnahmen aus Krediten 0,35 vom Hundert im Verhältnis zum nominalen Bruttoinlandsprodukt nicht überschreiten. Die nähere Ausgestaltung für die Haushalte der Länder regeln diese im Rahmen ihrer verfassungsrechtlichen Kompetenzen mit der Maßgabe, dass Satz 1 nur dann entsprochen ist, wenn keine Einnahmen aus Krediten zugelassen werden.
(4) Durch Bundesgesetz, das der Zustimmung des Bundesrates bedarf, können für Bund und Länder gemeinsam geltende Grundsätze für das Haushaltsrecht, für eine konjunkturgerechte Haushaltswirtschaft und für eine mehrjährige Finanzplanung aufgestellt werden.
(5) Sanktionsmaßnahmen der Europäischen Gemeinschaft im Zusammenhang mit den Bestimmungen in Artikel 104 des Vertrags zur Gründung der Europäischen Gemeinschaft zur Einhaltung der Haushaltsdisziplin tragen Bund und Länder im Verhältnis 65 zu 35. Die Ländergesamtheit trägt solidarisch 35 vom Hundert der auf die Länder entfallenden Lasten entsprechend

ihrer Einwohnerzahl; 65 vom Hundert der auf die Länder entfallenden Lasten tragen die Länder entsprechend ihrem Verursachungsbeitrag. Das Nähere regelt ein Bundesgesetz, das der Zustimmung des Bundesrates bedarf.

Art. 109a [Haushaltsnotlagen]

Zur Vermeidung von Haushaltsnotlagen regelt ein Bundesgesetz, das der Zustimmung des Bundesrates bedarf,

1. die fortlaufende Überwachung der Haushaltswirtschaft von Bund und Ländern durch ein gemeinsames Gremium (Stabilitätsrat),
2. die Voraussetzungen und das Verfahren zur Feststellung einer drohenden Haushaltsnotlage,
3. die Grundsätze zur Aufstellung und Durchführung von Sanierungsprogrammen zur Vermeidung von Haushaltsnotlagen.

Die Beschlüsse des Stabilitätsrats und die zugrunde liegenden Beratungsunterlagen sind zu veröffentlichen.

Art. 110 [Haushaltsplan des Bundes]

(1) Alle Einnahmen und Ausgaben des Bundes sind in den Haushaltsplan einzustellen; bei Bundesbetrieben und bei Sondervermögen brauchen nur die Zuführungen oder die Ablieferungen eingestellt zu werden. Der Haushaltsplan ist in Einnahme und Ausgabe auszugleichen.

(2) Der Haushaltsplan wird für ein oder mehrere Rechnungsjahre, nach Jahren getrennt, vor Beginn des ersten Rechnungsjahres durch das Haushaltsgesetz festgestellt. Für Teile des Haushaltsplanes kann vorgesehen werden, daß sie für unterschiedliche Zeiträume, nach Rechnungsjahren getrennt, gelten.

(3) Die Gesetzesvorlage nach Absatz 2 Satz 1 sowie Vorlagen zur Änderung des Haushaltsgesetzes und des Haushaltsplanes

werden gleichzeitig mit der Zuleitung an den Bundesrat beim Bundestage eingebracht; der Bundesrat ist berechtigt, innerhalb von sechs Wochen, bei Änderungsvorlagen innerhalb von drei Wochen, zu den Vorlagen Stellung zu nehmen.
(4) In das Haushaltsgesetz dürfen nur Vorschriften aufgenommen werden, die sich auf die Einnahmen und die Ausgaben des Bundes und auf den Zeitraum beziehen, für den das Haushaltsgesetz beschlossen wird. Das Haushaltsgesetz kann vorschreiben, daß die Vorschriften erst mit der Verkündung des nächsten Haushaltsgesetzes oder bei Ermächtigung nach Artikel 115 zu einem späteren Zeitpunkt außer Kraft treten.

Art. 111 [Ausgaben vor Etatgenehmigung]

(1) Ist bis zum Schluß eines Rechnungsjahres der Haushaltsplan für das folgende Jahr nicht durch Gesetz festgestellt, so ist bis zu seinem Inkrafttreten die Bundesregierung ermächtigt, alle Ausgaben zu leisten, die nötig sind,

a) um gesetzlich bestehende Einrichtungen zu erhalten und gesetzlich beschlossene Maßnahmen durchzuführen,
b) um die rechtlich begründeten Verpflichtungen des Bundes zu erfüllen,
c) um Bauten, Beschaffungen und sonstige Leistungen fortzusetzen oder Beihilfen für diese Zwecke weiter zu gewähren, sofern durch den Haushaltsplan eines Vorjahres bereits Beträge bewilligt worden sind.

(2) Soweit nicht auf besonderem Gesetze beruhende Einnahmen aus Steuern, Abgaben und sonstigen Quellen oder die Betriebsmittelrücklage die Ausgaben unter Absatz 1 decken, darf die Bundesregierung die zur Aufrechterhaltung der Wirtschaftsführung erforderlichen Mittel bis zur Höhe eines Viertels der Endsumme des abgelaufenen Haushaltsplanes im Wege des Kredits flüssig machen.

Art. 112 [Überplanmäßige und außerplanmäßige Ausgaben]

Überplanmäßige und außerplanmäßige Ausgaben bedürfen der Zustimmung des Bundesministers der Finanzen. Sie darf nur im Falle eines unvorhergesehenen und unabweisbaren Bedürfnisses erteilt werden. Näheres kann durch Bundesgesetz bestimmt werden.

Art. 113 [Ausgabenerhöhungen; Einnahmeminderungen]

(1) Gesetze, welche die von der Bundesregierung vorgeschlagenen Ausgaben des Haushaltsplanes erhöhen oder neue Ausgaben in sich schließen oder für die Zukunft mit sich bringen, bedürfen der Zustimmung der Bundesregierung. Das gleiche gilt für Gesetze, die Einnahmeminderungen in sich schließen oder für die Zukunft mit sich bringen. Die Bundesregierung kann verlangen, daß der Bundestag die Beschlußfassung über solche Gesetze aussetzt. In diesem Fall hat die Bundesregierung innerhalb von sechs Wochen dem Bundestage eine Stellungnahme zuzuleiten.

(2) Die Bundesregierung kann innerhalb von vier Wochen, nachdem der Bundestag das Gesetz beschlossen hat, verlangen, daß der Bundestag erneut Beschluß faßt.

(3) Ist das Gesetz nach Artikel 78 zustande gekommen, kann die Bundesregierung ihre Zustimmung nur innerhalb von sechs Wochen und nur dann versagen, wenn sie vorher das Verfahren nach Absatz 1 Satz 3 und 4 oder nach Absatz 2 eingeleitet hat. Nach Ablauf dieser Frist gilt die Zustimmung als erteilt.

Art. 114 [Rechnungslegung; Bundesrechnungshof]

(1) Der Bundesminister der Finanzen hat dem Bundestage und dem Bundesrate über alle Einnahmen und Ausgaben sowie über das Vermögen und die Schulden im Laufe des nächsten

Rechnungsjahres zur Entlastung der Bundesregierung Rechnung zu legen.
(2) Der Bundesrechnungshof, dessen Mitglieder richterliche Unabhängigkeit besitzen, prüft die Rechnung sowie die Wirtschaftlichkeit und Ordnungsmäßigkeit der Haushalts- und Wirtschaftsführung. Er hat außer der Bundesregierung unmittelbar dem Bundestage und dem Bundesrate jährlich zu berichten. Im übrigen werden die Befugnisse des Bundesrechnungshofes durch Bundesgesetz geregelt.

Art. 115 [Kreditbeschaffung]

(1) Die Aufnahme von Krediten sowie die Übernahme von Bürgschaften, Garantien oder sonstigen Gewährleistungen, die zu Ausgaben in künftigen Rechnungsjahren führen können, bedürfen einer der Höhe nach bestimmten oder bestimmbaren Ermächtigung durch Bundesgesetz.
(2) Einnahmen und Ausgaben sind grundsätzlich ohne Einnahmen aus Krediten auszugleichen. Diesem Grundsatz ist entsprochen, wenn die Einnahmen aus Krediten 0,35 vom Hundert im Verhältnis zum nominalen Bruttoinlandsprodukt nicht überschreiten. Zusätzlich sind bei einer von der Normallage abweichenden konjunkturellen Entwicklung die Auswirkungen auf den Haushalt im Auf- und Abschwung symmetrisch zu berücksichtigen. Abweichungen der tatsächlichen Kreditaufnahme von der nach den Sätzen 1 bis 3 zulässigen Kreditobergrenze werden auf einem Kontrollkonto erfasst; Belastungen, die den Schwellenwert von 1,5 vom Hundert im Verhältnis zum nominalen Bruttoinlandsprodukt überschreiten, sind konjunkturgerecht zurückzuführen. Näheres, insbesondere die Bereinigung der Einnahmen und Ausgaben um finanzielle Transaktionen und das Verfahren zur Berechnung der Obergrenze der jährlichen Nettokreditaufnahme unter Berücksichtigung der konjunkturellen

Entwicklung auf der Grundlage eines Konjunkturbereinigungsverfahrens sowie die Kontrolle und den Ausgleich von Abweichungen der tatsächlichen Kreditaufnahme von der Regelgrenze, regelt ein Bundesgesetz. Im Falle von Naturkatastrophen oder außergewöhnlichen Notsituationen, die sich der Kontrolle des Staates entziehen und die staatliche Finanzlage erheblich beeinträchtigen, können diese Kreditobergrenzen auf Grund eines Beschlusses der Mehrheit der Mitglieder des Bundestages überschritten werden. Der Beschluss ist mit einem Tilgungsplan zu verbinden. Die Rückführung der nach Satz 6 aufgenommenen Kredite hat binnen eines angemessenen Zeitraumes zu erfolgen.

Xa.
Verteidigungsfall

Art. 115a [Feststellung des Verteidigungsfalles]

(1) Die Feststellung, daß das Bundesgebiet mit Waffengewalt angegriffen wird oder ein solcher Angriff unmittelbar droht (Verteidigungsfall), trifft der Bundestag mit Zustimmung des Bundesrates. Die Feststellung erfolgt auf Antrag der Bundesregierung und bedarf einer Mehrheit von zwei Dritteln der abgegebenen Stimmen, mindestens der Mehrheit der Mitglieder des Bundestages.

(2) Erfordert die Lage unabweisbar ein sofortiges Handeln und stehen einem rechtzeitigen Zusammentritt des Bundestages unüberwindliche Hindernisse entgegen oder ist er nicht beschlußfähig, so trifft der Gemeinsame Ausschuß diese Feststellung mit einer Mehrheit von zwei Dritteln der abgegebenen Stimmen, mindestens der Mehrheit seiner Mitglieder.

(3) Die Feststellung wird vom Bundespräsidenten gemäß Artikel 82 im Bundesgesetzblatte verkündet. Ist dies nicht recht-

zeitig möglich, so erfolgt die Verkündung in anderer Weise; sie ist im Bundesgesetzblatte nachzuholen, sobald die Umstände es zulassen.

(4) Wird das Bundesgebiet mit Waffengewalt angegriffen und sind die zuständigen Bundesorgane außerstande, sofort die Feststellung nach Absatz 1 Satz 1 zu treffen, so gilt diese Feststellung als getroffen und als zu dem Zeitpunkt verkündet, in dem der Angriff begonnen hat. Der Bundespräsident gibt diesen Zeitpunkt bekannt, sobald die Umstände es zulassen.

(5) Ist die Feststellung des Verteidigungsfalles verkündet und wird das Bundesgebiet mit Waffengewalt angegriffen, so kann der Bundespräsident völkerrechtliche Erklärungen über das Bestehen des Verteidigungsfalles mit Zustimmung des Bundestages abgeben. Unter den Voraussetzungen des Absatzes 2 tritt an die Stelle des Bundestages der Gemeinsame Ausschuß.

Art. 115b [Übergang der Befehls- und Verteidigungsgewalt]

Mit der Verkündung des Verteidigungsfalles geht die Befehls- und Kommandogewalt über die Streitkräfte auf den Bundeskanzler über.

Art. 115c [Erweiterte Bundesgesetzgebungskompetenz]

(1) Der Bund hat für den Verteidigungsfall das Recht der konkurrierenden Gesetzgebung auch auf den Sachgebieten, die zur Gesetzgebungszuständigkeit der Länder gehören. Diese Gesetze bedürfen der Zustimmung des Bundesrates.

(2) Soweit es die Verhältnisse während des Verteidigungsfalles erfordern, kann durch Bundesgesetz für den Verteidigungsfall

1. bei Enteignungen abweichend von Artikel 14 Abs. 3 Satz 2 die Entschädigung vorläufig geregelt werden,

2. für Freiheitsentziehungen eine von Artikel 104 Abs. 2 Satz 3 und Abs. 3 Satz 1 abweichende Frist, höchstens jedoch eine solche von vier Tagen, für den Fall festgesetzt werden, daß ein Richter nicht innerhalb der für Normalzeiten geltenden Frist tätig werden konnte.

(3) Soweit es zur Abwehr eines gegenwärtigen oder unmittelbar drohenden Angriffs erforderlich ist, kann für den Verteidigungsfall durch Bundesgesetz mit Zustimmung des Bundesrates die Verwaltung und das Finanzwesen des Bundes und der Länder abweichend von den Abschnitten VIII, VIIIa und X geregelt werden, wobei die Lebensfähigkeit der Länder, Gemeinden und Gemeindeverbände, insbesondere auch in finanzieller Hinsicht, zu wahren ist.

(4) Bundesgesetze nach den Absätzen 1 und 2 Nr. 1 dürfen zur Vorbereitung ihres Vollzuges schon vor Eintritt des Verteidigungsfalles angewandt werden.

Art. 115d [Vereinfachtes Bundesgesetzgebungsverfahren]

(1) Für die Gesetzgebung des Bundes gilt im Verteidigungsfalle abweichend von Artikel 76 Abs. 2, Artikel 77 Abs. 1 Satz 2 und Abs. 2 bis 4, Artikel 78 und Artikel 82 Abs. 1 die Regelung der Absätze 2 und 3.

(2) Gesetzesvorlagen der Bundesregierung, die sie als dringlich bezeichnet, sind gleichzeitig mit der Einbringung beim Bundestage dem Bundesrate zuzuleiten. Bundestag und Bundesrat beraten diese Vorlagen unverzüglich gemeinsam. Soweit zu einem Gesetze die Zustimmung des Bundesrates erforderlich ist, bedarf es zum Zustandekommen des Gesetzes der Zustimmung der Mehrheit seiner Stimmen. Das Nähere regelt eine Geschäftsordnung, die vom Bundestage beschlossen wird und der Zustimmung des Bundesrates bedarf.

(3) Für die Verkündung der Gesetze gilt Artikel 115a Abs. 3 Satz 2 entsprechend.

Art. 115e [Aufgaben des Gemeinsamen Ausschusses]

(1) Stellt der Gemeinsame Ausschuß im Verteidigungsfalle mit einer Mehrheit von zwei Dritteln der abgegebenen Stimmen, mindestens mit der Mehrheit seiner Mitglieder fest, daß dem rechtzeitigen Zusammentritt des Bundestages unüberwindliche Hindernisse entgegenstehen oder daß dieser nicht beschlußfähig ist, so hat der Gemeinsame Ausschuß die Stellung von Bundestag und Bundesrat und nimmt deren Rechte einheitlich wahr.

(2) Durch ein Gesetz des Gemeinsamen Ausschusses darf das Grundgesetz weder geändert noch ganz oder teilweise außer Kraft oder außer Anwendung gesetzt werden. Zum Erlaß von Gesetzen nach Artikel 23 Abs. 1 Satz 2, Artikel 24 Abs. 1 oder Artikel 29 ist der Gemeinsame Ausschuß nicht befugt.

Art. 115f [Erweiterte Befugnisse der Bundesregierung]

(1) Die Bundesregierung kann im Verteidigungsfalle, soweit es die Verhältnisse erfordern,

1. den Bundesgrenzschutz im gesamten Bundesgebiete einsetzen;
2. außer der Bundesverwaltung auch den Landesregierungen und, wenn sie es für dringlich erachtet, den Landesbehörden Weisungen erteilen und diese Befugnis auf von ihr zu bestimmende Mitglieder der Landesregierungen übertragen.

(2) Bundestag, Bundesrat und der Gemeinsame Ausschuß sind unverzüglich von den nach Absatz 1 getroffenen Maßnahmen zu unterrichten.

Art. 115g [Stellung des Bundesverfassungsgerichts]
Die verfassungsmäßige Stellung und die Erfüllung der verfassungsmäßigen Aufgaben des Bundesverfassungsgerichtes und seiner Richter dürfen nicht beeinträchtigt werden. Das Gesetz über das Bundesverfassungsgericht darf durch ein Gesetz des Gemeinsamen Ausschusses nur insoweit geändert werden, als dies auch nach Auffassung des Bundesverfassungsgerichtes zur Aufrechterhaltung der Funktionsfähigkeit des Gerichtes erforderlich ist. Bis zum Erlaß eines solchen Gesetzes kann das Bundesverfassungsgericht die zur Erhaltung der Arbeitsfähigkeit des Gerichtes erforderlichen Maßnahmen treffen. Beschlüsse nach Satz 2 und Satz 3 faßt das Bundesverfassungsgericht mit der Mehrheit der anwesenden Richter.

Art. 115h [Wahlperioden und Amtszeiten]
(1) Während des Verteidigungsfalles ablaufende Wahlperioden des Bundestages oder der Volksvertretungen der Länder enden sechs Monate nach Beendigung des Verteidigungsfalles. Die im Verteidigungsfalle ablaufende Amtszeit des Bundespräsidenten sowie bei vorzeitiger Erledigung seines Amtes die Wahrnehmung seiner Befugnisse durch den Präsidenten des Bundesrates enden neun Monate nach Beendigung des Verteidigungsfalles. Die im Verteidigungsfalle ablaufende Amtszeit eines Mitgliedes des Bundesverfassungsgerichtes endet sechs Monate nach Beendigung des Verteidigungsfalles.
(2) Wird eine Neuwahl des Bundeskanzlers durch den Gemeinsamen Ausschuß erforderlich, so wählt dieser einen neuen Bundeskanzler mit der Mehrheit seiner Mitglieder; der Bundespräsident macht dem Gemeinsamen Ausschuß einen Vorschlag. Der Gemeinsame Ausschuß kann dem Bundeskanzler das Mißtrauen nur dadurch aussprechen, daß er mit der Mehrheit von zwei Dritteln seiner Mitglieder einen Nachfolger wählt.

(3) Für die Dauer des Verteidigungsfalles ist die Auflösung des Bundestages ausgeschlossen.

Art. 115i [Erweiterte Befugnisse der Landesregierungen]
(1) Sind die zuständigen Bundesorgane außerstande, die notwendigen Maßnahmen zur Abwehr der Gefahr zu treffen, und erfordert die Lage unabweisbar ein sofortiges selbständiges Handeln in einzelnen Teilen des Bundesgebietes, so sind die Landesregierungen oder die von ihnen bestimmten Behörden oder Beauftragten befugt, für ihren Zuständigkeitsbereich Maßnahmen im Sinne des Artikels 115f Abs. 1 zu treffen.
(2) Maßnahmen nach Absatz 1 können durch die Bundesregierung, im Verhältnis zu Landesbehörden und nachgeordneten Bundesbehörden auch durch die Ministerpräsidenten der Länder, jederzeit aufgehoben werden.

Art. 115k [Geltung von Gesetzen und Rechtsverordnungen des Verteidigungsfalls]
(1) Für die Dauer ihrer Anwendbarkeit setzen Gesetze nach den Artikeln 115c, 115e und 115g und Rechtsverordnungen, die auf Grund solcher Gesetze ergehen, entgegenstehendes Recht außer Anwendung. Dies gilt nicht gegenüber früherem Recht, das auf Grund der Artikel 115c, 115e und 115g erlassen worden ist.
(2) Gesetze, die der Gemeinsame Ausschuß beschlossen hat, und Rechtsverordnungen, die auf Grund solcher Gesetze ergangen sind, treten spätestens sechs Monate nach Beendigung des Verteidigungsfalles außer Kraft.
(3) Gesetze, die von den Artikeln 91a, 91b, 104a, 106 und 107 abweichende Regelungen enthalten, gelten längstens bis zum Ende des zweiten Rechnungsjahres, das auf die Beendigung des Verteidigungsfalles folgt. Sie können nach Beendigung des Verteidigungsfalles durch Bundesgesetz mit Zustimmung des

Bundesrates geändert werden, um zu der Regelung gemäß den Abschnitten VIIIa und X überzuleiten.

Art. 115l [Aufhebung von Maßnahmen und Beendigung des Verteidigungsfalls]

(1) Der Bundestag kann jederzeit mit Zustimmung des Bundesrates Gesetze des Gemeinsamen Ausschusses aufheben. Der Bundesrat kann verlangen, daß der Bundestag hierüber beschließt. Sonstige zur Abwehr der Gefahr getroffene Maßnahmen des Gemeinsamen Ausschusses oder der Bundesregierung sind aufzuheben, wenn der Bundestag und der Bundesrat es beschließen.

(2) Der Bundestag kann mit Zustimmung des Bundesrates jederzeit durch einen vom Bundespräsidenten zu verkündenden Beschluß den Verteidigungsfall für beendet erklären. Der Bundesrat kann verlangen, daß der Bundestag hierüber beschließt. Der Verteidigungsfall ist unverzüglich für beendet zu erklären, wenn die Voraussetzungen für seine Feststellung nicht mehr gegeben sind.

(3) Über den Friedensschluß wird durch Bundesgesetz entschieden.

XI.
Übergangs- und Schlußbestimmungen

Art. 116 [Begriff des „Deutschen"; nationalsozialistische Ausbürgerung]

(1) Deutscher im Sinne dieses Grundgesetzes ist vorbehaltlich anderweitiger gesetzlicher Regelung, wer die deutsche Staatsangehörigkeit besitzt oder als Flüchtling oder Vertriebener deutscher Volkszugehörigkeit oder als dessen Ehegatte oder

Abkömmling in dem Gebiete des Deutschen Reiches nach dem Stande vom 31. Dezember 1937 Aufnahme gefunden hat.
(2) Frühere deutsche Staatsangehörige, denen zwischen dem 30. Januar 1933 und dem 8. Mai 1945 die Staatsangehörigkeit aus politischen, rassischen oder religiösen Gründen entzogen worden ist, und ihre Abkömmlinge sind auf Antrag wieder einzubürgern. Sie gelten als nicht ausgebürgert, sofern sie nach dem 8. Mai 1945 ihren Wohnsitz in Deutschland genommen haben und nicht einen entgegengesetzten Willen zum Ausdruck gebracht haben.

Art. 117 [Übergangsregelung zu Art. 3 Abs. 2 und Art. 11]

(1) Das dem Artikel 3 Abs. 2 entgegenstehende Recht bleibt bis zu seiner Anpassung an diese Bestimmung des Grundgesetzes in Kraft, jedoch nicht länger als bis zum 31. März 1953.
(2) Gesetze, die das Recht der Freizügigkeit mit Rücksicht auf die gegenwärtige Raumnot einschränken, bleiben bis zu ihrer Aufhebung durch Bundesgesetz in Kraft.

Art. 118 [Neugliederung der badischen und württembergischen Länder]

Die Neugliederung in dem die Länder Baden, Württemberg-Baden und Württemberg-Hohenzollern umfassenden Gebiete kann abweichend von den Vorschriften des Artikels 29 durch Vereinbarung der beteiligten Länder erfolgen. Kommt eine Vereinbarung nicht zustande, so wird die Neugliederung durch Bundesgesetz geregelt, das eine Volksbefragung vorsehen muß.

Art. 118a [Neugliederung Berlins und Brandenburgs]

Die Neugliederung in dem die Länder Berlin und Brandenburg umfassenden Gebiet kann abweichend von den Vorschriften des Artikels 29 unter Beteiligung ihrer Wahlberechtigten durch Vereinbarung beider Länder erfolgen.

Art. 119 [Flüchtlinge und Vertriebene]

In Angelegenheiten der Flüchtlinge und Vertriebenen, insbesondere zu ihrer Verteilung auf die Länder, kann bis zu einer bundesgesetzlichen Regelung die Bundesregierung mit Zustimmung des Bundesrates Verordnungen mit Gesetzeskraft erlassen. Für besondere Fälle kann dabei die Bundesregierung ermächtigt werden, Einzelweisungen zu erteilen. Die Weisungen sind außer bei Gefahr im Verzuge an die obersten Landesbehörden zu richten.

Art. 120 [Kriegsfolge- und Sozialversicherungslasten; Ertragshoheit]

(1) Der Bund trägt die Aufwendungen für Besatzungskosten und die sonstigen inneren und äußeren Kriegsfolgelasten nach näherer Bestimmung von Bundesgesetzen. Soweit diese Kriegsfolgelasten bis zum 1. Oktober 1969 durch Bundesgesetze geregelt worden sind, tragen Bund und Länder im Verhältnis zueinander die Aufwendungen nach Maßgabe dieser Bundesgesetze. Soweit Aufwendungen für Kriegsfolgelasten, die in Bundesgesetzen weder geregelt worden sind noch geregelt werden, bis zum 1. Oktober 1965 von den Ländern, Gemeinden (Gemeindeverbänden) oder sonstigen Aufgabenträgern, die Aufgaben von Ländern oder Gemeinden erfüllen, erbracht worden sind, ist der Bund zur Übernahme von Aufwendungen dieser Art auch nach diesem Zeitpunkt nicht verpflichtet. Der Bund trägt die Zuschüsse zu den Lasten der Sozialversicherung mit Einschluß der Arbeitslosenversicherung und der Arbeitslosenhilfe. Die durch diesen Absatz geregelte Verteilung der Kriegsfolgelasten auf Bund und Länder läßt die gesetzliche

Regelung von Entschädigungsansprüchen für Kriegsfolgen unberührt.
(2) Die Einnahmen gehen auf den Bund zu demselben Zeitpunkte über, an dem der Bund die Ausgaben übernimmt.

Art. 120a [Lastenausgleich]

(1) Die Gesetze, die der Durchführung des Lastenausgleichs dienen, können mit Zustimmung des Bundesrates bestimmen, daß sie auf dem Gebiete der Ausgleichsleistungen teils durch den Bund, teils im Auftrage des Bundes durch die Länder ausgeführt werden und daß die der Bundesregierung und den zuständigen obersten Bundesbehörden auf Grund des Artikels 85 insoweit zustehenden Befugnisse ganz oder teilweise dem Bundesausgleichsamt übertragen werden. Das Bundesausgleichsamt bedarf bei Ausübung dieser Befugnisse nicht der Zustimmung des Bundesrates; seine Weisungen sind, abgesehen von den Fällen der Dringlichkeit, an die obersten Landesbehörden (Landesausgleichsämter) zu richten.
(2) Artikel 87 Abs. 3 Satz 2 bleibt unberührt.

Art. 121 [Begriff der Mehrheit]

Mehrheit der Mitglieder des Bundestages und der Bundesversammlung im Sinne dieses Grundgesetzes ist die Mehrheit ihrer gesetzlichen Mitgliederzahl.

Art. 122 [Bisherige Gesetzgebungskompetenzen]

(1) Vom Zusammentritt des Bundestages an werden die Gesetze ausschließlich von den in diesem Grundgesetze anerkannten gesetzgebenden Gewalten beschlossen.
(2) Gesetzgebende und bei der Gesetzgebung beratend mitwirkende Körperschaften, deren Zuständigkeit nach Absatz 1 endet, sind mit diesem Zeitpunkt aufgelöst.

Art. 123 [Fortgeltung des alten Rechts]

(1) Recht aus der Zeit vor dem Zusammentritt des Bundestages gilt fort, soweit es dem Grundgesetze nicht widerspricht.

(2) Die vom Deutschen Reich abgeschlossenen Staatsverträge, die sich auf Gegenstände beziehen, für die nach diesem Grundgesetze die Landesgesetzgebung zuständig ist, bleiben, wenn sie nach allgemeinen Rechtsgrundsätzen gültig sind und fortgelten, unter Vorbehalt aller Rechte und Einwendungen der Beteiligten in Kraft, bis neue Staatsverträge durch die nach diesem Grundgesetze zuständigen Stellen abgeschlossen werden oder ihre Beendigung auf Grund der in ihnen enthaltenen Bestimmungen anderweitig erfolgt.

Art. 124 [Altes Recht auf dem Gebiet der ausschließlichen Gesetzgebung]

Recht, das Gegenstände der ausschließlichen Gesetzgebung des Bundes betrifft, wird innerhalb seines Geltungsbereiches Bundesrecht.

Art. 125 [Altes Recht auf dem Gebiet der konkurrierenden Gesetzgebung]

Recht, das Gegenstände der konkurrierenden Gesetzgebung des Bundes betrifft, wird innerhalb seines Geltungsbereiches Bundesrecht,

1. soweit es innerhalb einer oder mehrerer Besatzungszonen einheitlich gilt,
2. soweit es sich um Recht handelt, durch das nach dem 8. Mai 1945 früheres Reichsrecht abgeändert worden ist.

Art. 125a [Fortgeltung von Bundesrecht; Ersetzung durch Landesrecht]

(1) Recht, das als Bundesrecht erlassen worden ist, aber wegen der Änderung des Artikels 74 Abs. 1, der Einfügung des Artikels 84 Abs. 1 Satz 7, des Artikels 85 Abs. 1 Satz 2 oder des Artikels 105 Abs. 2a Satz 2 oder wegen der Aufhebung der Artikel 74a, 75 oder 98 Abs. 3 Satz 2 nicht mehr als Bundesrecht erlassen werden könnte, gilt als Bundesrecht fort. Es kann durch Landesrecht ersetzt werden.

(2) Recht, das auf Grund des Artikels 72 Abs. 2 in der bis zum 15. November 1994 geltenden Fassung erlassen worden ist, aber wegen Änderung des Artikels 72 Abs. 2 nicht mehr als Bundesrecht erlassen werden könnte, gilt als Bundesrecht fort. Durch Bundesgesetz kann bestimmt werden, dass es durch Landesrecht ersetzt werden kann.

(3) Recht, das als Landesrecht erlassen worden ist, aber wegen Änderung des Artikels 73 nicht mehr als Landesrecht erlassen werden könnte, gilt als Landesrecht fort. Es kann durch Bundesrecht ersetzt werden.

Art. 125b [Fortgeltung von Bundesrecht; abweichende Regelungen durch die Länder]

(1) Recht, das auf Grund des Artikels 75 in der bis zum 1. September 2006 geltenden Fassung erlassen worden ist und das auch nach diesem Zeitpunkt als Bundesrecht erlassen werden könnte, gilt als Bundesrecht fort. Befugnisse und Verpflichtungen der Länder zur Gesetzgebung bleiben insoweit bestehen. Auf den in Artikel 72 Abs. 3 Satz 1 genannten Gebieten können die Länder von diesem Recht abweichende Regelungen treffen, auf den Gebieten des Artikels 72 Abs. 3 Satz 1 Nr. 2, 5 und 6 jedoch erst, wenn und soweit der Bund ab dem 1. September 2006 von seiner Gesetzgebungszuständigkeit Gebrauch

gemacht hat, in den Fällen der Nummern 2 und 5 spätestens ab dem 1. Januar 2010, im Falle der Nummer 6 spätestens ab dem 1. August 2008.

(2) Von bundesgesetzlichen Regelungen, die auf Grund des Artikels 84 Abs. 1 in der vor dem 1. September 2006 geltenden Fassung erlassen worden sind, können die Länder abweichende Regelungen treffen, von Regelungen des Verwaltungsverfahrens bis zum 31. Dezember 2008 aber nur dann, wenn ab dem 1. September 2006 in dem jeweiligen Bundesgesetz Regelungen des Verwaltungsverfahrens geändert worden sind.

Art. 125c [Fortgeltung von Bundesrecht auf dem Gebiet der Gemeindeverkehrsfinanzierung und der sozialen Wohnraumförderung]

(1) Recht, das auf Grund des Artikels 91a Abs. 2 in Verbindung mit Abs. 1 Nr. 1 in der bis zum 1. September 2006 geltenden Fassung erlassen worden ist, gilt bis zum 31. Dezember 2006 fort.

(2) Die nach Artikel 104a Abs. 4 in der bis zum 1. September 2006 geltenden Fassung in den Bereichen der Gemeindeverkehrsfinanzierung und der sozialen Wohnraumförderung geschaffenen Regelungen gelten bis zum 31. Dezember 2006 fort. Die im Bereich der Gemeindeverkehrsfinanzierung für die besonderen Programme nach § 6 Abs. 1 des Gemeindeverkehrsfinanzierungsgesetzes sowie die sonstigen nach Artikel 104a Abs. 4 in der bis zum 1. September 2006 geltenden Fassung geschaffenen Regelungen gelten bis zum 31. Dezember 2019 fort, soweit nicht ein früherer Zeitpunkt für das Außerkrafttreten bestimmt ist oder wird.

Art. 126 [Streit über das Fortgelten des alten Rechts]
Meinungsverschiedenheiten über das Fortgelten von Recht als Bundesrecht entscheidet das Bundesverfassungsgericht.

Art. 127 [Recht des Vereinigten Wirtschaftsgebietes]
Die Bundesregierung kann mit Zustimmung der Regierungen der beteiligten Länder Recht der Verwaltung des Vereinigten Wirtschaftsgebietes, soweit es nach Artikel 124 oder 125 als Bundesrecht fortgilt, innerhalb eines Jahres nach Verkündung dieses Grundgesetzes in den Ländern Baden, Groß-Berlin, Rheinland-Pfalz und Württemberg-Hohenzollern in Kraft setzen.

Art. 128 [Fortbestehen von Weisungsrechten]
Soweit fortgeltendes Recht Weisungsrechte im Sinne des Artikels 84 Abs. 5 vorsieht, bleiben sie bis zu einer anderweitigen gesetzlichen Regelung bestehen.

Art. 129 [Fortgeltung von Ermächtigungen zu Rechtsverordnungen]
(1) Soweit in Rechtsvorschriften, die als Bundesrecht fortgelten, eine Ermächtigung zum Erlasse von Rechtsverordnungen oder allgemeinen Verwaltungsvorschriften sowie zur Vornahme von Verwaltungsakten enthalten ist, geht sie auf die nunmehr sachlich zuständigen Stellen über. In Zweifelsfällen entscheidet die Bundesregierung im Einvernehmen mit dem Bundesrate; die Entscheidung ist zu veröffentlichen.
(2) Soweit in Rechtsvorschriften, die als Landesrecht fortgelten, eine solche Ermächtigung enthalten ist, wird sie von den nach Landesrecht zuständigen Stellen ausgeübt.
(3) Soweit Rechtsvorschriften im Sinne der Absätze 1 und 2 zu ihrer Änderung oder Ergänzung oder zum Erlaß von Rechts-

vorschriften an Stelle von Gesetzen ermächtigen, sind diese Ermächtigungen erloschen.
(4) Die Vorschriften der Absätze 1 und 2 gelten entsprechend, soweit in Rechtsvorschriften auf nicht mehr geltende Vorschriften oder nicht mehr bestehende Einrichtungen verwiesen ist.

Art. 130 [Überleitung von Verwaltungs- und Rechtspflegeeinrichtungen]

(1) Verwaltungsorgane und sonstige der öffentlichen Verwaltung oder Rechtspflege dienende Einrichtungen, die nicht auf Landesrecht oder Staatsverträgen zwischen Ländern beruhen, sowie die Betriebsvereinigung der südwestdeutschen Eisenbahnen und der Verwaltungsrat für das Post- und Fernmeldewesen für das französische Besatzungsgebiet unterstehen der Bundesregierung. Diese regelt mit Zustimmung des Bundesrates die Überführung, Auflösung oder Abwicklung.
(2) Oberster Disziplinarvorgesetzter der Angehörigen dieser Verwaltungen und Einrichtungen ist der zuständige Bundesminister.
(3) Nicht landesunmittelbare und nicht auf Staatsverträgen zwischen den Ländern beruhende Körperschaften und Anstalten des öffentlichen Rechtes unterstehen der Aufsicht der zuständigen obersten Bundesbehörde.

Art. 131 [Frühere Angehörige des Öffentlichen Dienstes]

Die Rechtsverhältnisse von Personen einschließlich der Flüchtlinge und Vertriebenen, die am 8. Mai 1945 im öffentlichen Dienste standen, aus anderen als beamten- oder tarifrechtlichen Gründen ausgeschieden sind und bisher nicht oder nicht ihrer früheren Stellung entsprechend verwendet werden, sind durch Bundesgesetz zu regeln. Entsprechendes gilt für Personen einschließlich der Flüchtlinge und Vertriebenen, die am

8. Mai 1945 versorgungsberechtigt waren und aus anderen als beamten- oder tarifrechtlichen Gründen keine oder keine entsprechende Versorgung mehr erhalten. Bis zum Inkrafttreten des Bundesgesetzes können vorbehaltlich anderweitiger landesrechtlicher Regelung Rechtsansprüche nicht geltend gemacht werden.

Art. 132 [Ausschluss aus dem Öffentlichen Dienst]
(1) Beamte und Richter, die im Zeitpunkte des Inkrafttretens dieses Grundgesetzes auf Lebenszeit angestellt sind, können binnen sechs Monaten nach dem ersten Zusammentritt des Bundestages in den Ruhestand oder Wartestand oder in ein Amt mit niedrigerem Diensteinkommen versetzt werden, wenn ihnen die persönliche oder fachliche Eignung für ihr Amt fehlt. Auf Angestellte, die in einem unkündbaren Dienstverhältnis stehen, findet diese Vorschrift entsprechende Anwendung. Bei Angestellten, deren Dienstverhältnis kündbar ist, können über die tarifmäßige Regelung hinausgehende Kündigungsfristen innerhalb der gleichen Frist aufgehoben werden.
(2) Diese Bestimmung findet keine Anwendung auf Angehörige des öffentlichen Dienstes, die von den Vorschriften über die „Befreiung von Nationalsozialismus und Militarismus" nicht betroffen oder die anerkannte Verfolgte des Nationalsozialismus sind, sofern nicht ein wichtiger Grund in ihrer Person vorliegt.
(3) Den Betroffenen steht der Rechtsweg gemäß Artikel 19 Absatz 4 offen.
(4) Das Nähere bestimmt eine Verordnung der Bundesregierung, die der Zustimmung des Bundesrates bedarf.

Art. 133 [Rechtsnachfolge, Vereinigtes Wirtschaftsgebiet]
Der Bund tritt in die Rechte und Pflichten der Verwaltung des Vereinigten Wirtschaftsgebietes ein.

Art. 134 [Rechtsnachfolge in das Reichsvermögen]

(1) Das Vermögen des Reiches wird grundsätzlich Bundesvermögen.

(2) Soweit es nach seiner ursprünglichen Zweckbestimmung überwiegend für Verwaltungsaufgaben bestimmt war, die nach diesem Grundgesetze nicht Verwaltungsaufgaben des Bundes sind, ist es unentgeltlich auf die nunmehr zuständigen Aufgabenträger und, soweit es nach seiner gegenwärtigen, nicht nur vorübergehenden Benutzung Verwaltungsaufgaben dient, die nach diesem Grundgesetze nunmehr von den Ländern zu erfüllen sind, auf die Länder zu übertragen. Der Bund kann auch sonstiges Vermögen den Ländern übertragen.

(3) Vermögen, das dem Reich von den Ländern und Gemeinden (Gemeindeverbänden) unentgeltlich zur Verfügung gestellt wurde, wird wiederum Vermögen der Länder und Gemeinden (Gemeindeverbände), soweit es nicht der Bund für eigene Verwaltungsaufgaben benötigt.

(4) Das Nähere regelt ein Bundesgesetz, das der Zustimmung des Bundesrates bedarf.

Art. 135 [Vermögen bei Änderung des Gebietsstandes]

(1) Hat sich nach dem 8. Mai 1945 bis zum Inkrafttreten dieses Grundgesetzes die Landeszugehörigkeit eines Gebietes geändert, so steht in diesem Gebiete das Vermögen des Landes, dem das Gebiet angehört hat, dem Lande zu, dem es jetzt angehört.

(2) Das Vermögen nicht mehr bestehender Länder und nicht mehr bestehender anderer Körperschaften und Anstalten des öffentlichen Rechtes geht, soweit es nach seiner ursprünglichen Zweckbestimmung überwiegend für Verwaltungsaufgaben bestimmt war, oder nach seiner gegenwärtigen, nicht nur vorübergehenden Benutzung überwiegend Verwaltungsauf-

gaben dient, auf das Land oder die Körperschaft oder Anstalt des öffentlichen Rechtes über, die nunmehr diese Aufgaben erfüllen.

(3) Grundvermögen nicht mehr bestehender Länder geht einschließlich des Zubehörs, soweit es nicht bereits zu Vermögen im Sinne des Absatzes 1 gehört, auf das Land über, in dessen Gebiet es belegen ist.

(4) Sofern ein überwiegendes Interesse des Bundes oder das besondere Interesse eines Gebietes es erfordert, kann durch Bundesgesetz eine von den Absätzen 1 bis 3 abweichende Regelung getroffen werden.

(5) Im übrigen wird die Rechtsnachfolge und die Auseinandersetzung, soweit sie nicht bis zum 1. Januar 1952 durch Vereinbarung zwischen den beteiligten Ländern oder Körperschaften oder Anstalten des öffentlichen Rechtes erfolgt, durch Bundesgesetz geregelt, das der Zustimmung des Bundesrates bedarf.

(6) Beteiligungen des ehemaligen Landes Preußen an Unternehmen des privaten Rechtes gehen auf den Bund über. Das Nähere regelt ein Bundesgesetz, das auch Abweichendes bestimmen kann.

(7) Soweit über Vermögen, das einem Lande oder einer Körperschaft oder Anstalt des öffentlichen Rechtes nach den Absätzen 1 bis 3 zufallen würde, von dem danach Berechtigten durch ein Landesgesetz, auf Grund eines Landesgesetzes oder in anderer Weise bei Inkrafttreten des Grundgesetzes verfügt worden war, gilt der Vermögensübergang als vor der Verfügung erfolgt.

Art. 135a [Verbindlichkeiten des Reichs und anderer Körperschaften]

(1) Durch die in Artikel 134 Abs. 4 und Artikel 135 Abs. 5 vorbehaltene Gesetzgebung des Bundes kann auch bestimmt werden, daß nicht oder nicht in voller Höhe zu erfüllen sind

1. Verbindlichkeiten des Reiches sowie Verbindlichkeiten des ehemaligen Landes Preußen und sonstiger nicht mehr bestehender Körperschaften und Anstalten des öffentlichen Rechts,
2. Verbindlichkeiten des Bundes oder anderer Körperschaften und Anstalten des öffentlichen Rechts, welche mit dem Übergang von Vermögenswerten nach Artikel 89, 90, 134 und 135 im Zusammenhang stehen, und Verbindlichkeiten dieser Rechtsträger, die auf Maßnahmen der in Nummer 1 bezeichneten Rechtsträger beruhen,
3. Verbindlichkeiten der Länder und Gemeinden (Gemeindeverbände), die aus Maßnahmen entstanden sind, welche diese Rechtsträger vor dem 1. August 1945 zur Durchführung von Anordnungen der Besatzungsmächte oder zur Beseitigung eines kriegsbedingten Notstandes im Rahmen dem Reich obliegender oder vom Reich übertragener Verwaltungsaufgaben getroffen haben.

(2) Absatz 1 findet entsprechende Anwendung auf Verbindlichkeiten der Deutschen Demokratischen Republik oder ihrer Rechtsträger sowie auf Verbindlichkeiten des Bundes oder anderer Körperschaften und Anstalten des öffentlichen Rechts, die mit dem Übergang von Vermögenswerten der Deutschen Demokratischen Republik auf Bund, Länder und Gemeinden im Zusammenhang stehen, und auf Verbindlichkeiten, die auf Maßnahmen der Deutschen Demokratischen Republik oder ihrer Rechtsträger beruhen.

Art. 136 [Erster Zusammentritt des Bundesrates]

(1) Der Bundesrat tritt erstmalig am Tage des ersten Zusammentrittes des Bundestages zusammen.

(2) Bis zur Wahl des ersten Bundespräsidenten werden dessen Befugnisse von dem Präsidenten des Bundesrates ausgeübt. Das Recht der Auflösung des Bundestages steht ihm nicht zu.

Art. 137 [Wählbarkeit von Angehörigen des Öffentlichen Dienstes u. a.]

(1) Die Wählbarkeit von Beamten, Angestellten des öffentlichen Dienstes, Berufssoldaten, freiwilligen Soldaten auf Zeit und Richtern im Bund, in den Ländern und den Gemeinden kann gesetzlich beschränkt werden.

(2) Für die Wahl des ersten Bundestages, der ersten Bundesversammlung und des ersten Bundespräsidenten der Bundesrepublik gilt das vom Parlamentarischen Rat zu beschließende Wahlgesetz.

(3) Die dem Bundesverfassungsgerichte gemäß Artikel 41 Absatz 2 zustehende Befugnis wird bis zu seiner Errichtung von dem Deutschen Obergericht für das Vereinigte Wirtschaftsgebiet wahrgenommen, das nach Maßgabe seiner Verfahrensordnung entscheidet.

Art. 138 [Süddeutsches Notariat]

Änderungen der Einrichtungen des jetzt bestehenden Notariats in den Ländern Baden, Bayern, Württemberg-Baden und Württemberg-Hohenzollern bedürfen der Zustimmung der Regierungen dieser Länder.

Art. 139 [Entnazifizierungsvorschriften]

Die zur „Befreiung des deutschen Volkes vom Nationalsozialismus und Militarismus" erlassenen Rechtsvorschriften werden von den Bestimmungen dieses Grundgesetzes nicht berührt.

Art. 140 [Übernahme von Glaubensbestimmungen der Weimarer Reichsverfassung]

Die Bestimmungen der Artikel 136, 137, 138, 139 und 141 der deutschen Verfassung vom 11. August 1919 sind Bestandteil dieses Grundgesetzes.

Art. 141 [Religionsunterricht]

Artikel 7 Abs. 3 Satz 1 findet keine Anwendung in einem Lande, in dem am 1. Januar 1949 eine andere landesrechtliche Regelung bestand.

Art. 142 [Grundrechte in Landesverfassungen]

Ungeachtet der Vorschrift des Artikels 31 bleiben Bestimmungen der Landesverfassungen auch insoweit in Kraft, als sie in Übereinstimmung mit den Artikeln 1 bis 18 dieses Grundgesetzes Grundrechte gewährleisten.

Art. 142a (aufgehoben)

Art. 143 [Sondervorschriften für neue Bundesländer und Ost-Berlin]

(1) Recht in dem in Artikel 3 des Einigungsvertrags genannten Gebiet kann längstens bis zum 31. Dezember 1992 von Bestimmungen dieses Grundgesetzes abweichen, soweit und solange infolge der unterschiedlichen Verhältnisse die völlige Anpassung an die grundgesetzliche Ordnung noch nicht erreicht werden kann. Abweichungen dürfen nicht gegen Artikel 19 Abs. 2

verstoßen und müssen mit den in Artikel 79 Abs. 3 genannten Grundsätzen vereinbar sein.
(2) Abweichungen von den Abschnitten II, VIII, VIIIa, IX, X und XI sind längstens bis zum 31. Dezember 1995 zulässig.
(3) Unabhängig von Absatz 1 und 2 haben Artikel 41 des Einigungsvertrags und Regelungen zu seiner Durchführung auch insoweit Bestand, als sie vorsehen, daß Eingriffe in das Eigentum auf dem in Artikel 3 dieses Vertrags genannten Gebiet nicht mehr rückgängig gemacht werden.

Art. 143a [Übergangsvorschriften für Bundeseisenbahnen]
(1) Der Bund hat die ausschließliche Gesetzgebung über alle Angelegenheiten, die sich aus der Umwandlung der in bundeseigener Verwaltung geführten Bundeseisenbahnen in Wirtschaftsunternehmen ergeben. Artikel 87e Abs. 5 findet entsprechende Anwendung. Beamte der Bundeseisenbahnen können durch Gesetz unter Wahrung ihrer Rechtsstellung und der Verantwortung des Dienstherrn einer privat-rechtlich organisierten Eisenbahn des Bundes zur Dienstleistung zugewiesen werden.
(2) Gesetze nach Absatz 1 führt der Bund aus.
(3) Die Erfüllung der Aufgaben im Bereich des Schienenpersonennahverkehrs der bisherigen Bundeseisenbahnen ist bis zum 31. Dezember 1995 Sache des Bundes. Dies gilt auch für die entsprechenden Aufgaben der Eisenbahnverkehrsverwaltung. Das Nähere wird durch Bundesgesetz geregelt, das der Zustimmung des Bundesrates bedarf.

Art. 143b [Umwandlung der Deutschen Bundespost]
(1) Das Sondervermögen Deutsche Bundespost wird nach Maßgabe eines Bundesgesetzes in Unternehmen privater Rechtsform umgewandelt. Der Bund hat die ausschließliche

Gesetzgebung über alle sich hieraus ergebenden Angelegenheiten.

(2) Die vor der Umwandlung bestehenden ausschließlichen Rechte des Bundes können durch Bundesgesetz für eine Übergangszeit den aus der Deutschen Bundespost POSTDIENST und der Deutschen Bundespost TELEKOM hervorgegangenen Unternehmen verliehen werden. Die Kapitalmehrheit am Nachfolgeunternehmen der Deutschen Bundespost POSTDIENST darf der Bund frühestens fünf Jahre nach Inkrafttreten des Gesetzes aufgeben. Dazu bedarf es eines Bundesgesetzes mit Zustimmung des Bundesrates.

(3) Die bei der Deutschen Bundespost tätigen Bundesbeamten werden unter Wahrung ihrer Rechtsstellung und der Verantwortung des Dienstherrn bei den privaten Unternehmen beschäftigt. Die Unternehmen üben Dienstherrenbefugnisse aus. Das Nähere bestimmt ein Bundesgesetz.

Art. 143c [Übergangsvorschriften wegen Wegfalls der Finanzhilfen durch den Bund]

(1) Den Ländern stehen ab dem 1. Januar 2007 bis zum 31. Dezember 2019 für den durch die Abschaffung der Gemeinschaftsaufgaben Ausbau und Neubau von Hochschulen einschließlich Hochschulkliniken und Bildungsplanung sowie für den durch die Abschaffung der Finanzhilfen zur Verbesserung der Verkehrsverhältnisse der Gemeinden und zur sozialen Wohnraumförderung bedingten Wegfall der Finanzierungsanteile des Bundes jährlich Beträge aus dem Haushalt des Bundes zu. Bis zum 31. Dezember 2013 werden diese Beträge aus dem Durchschnitt der Finanzierungsanteile des Bundes im Referenzzeitraum 2000 bis 2008 ermittelt.

(2) Die Beträge nach Absatz 1 werden auf die Länder bis zum 31. Dezember 2013 wie folgt verteilt:

1. als jährliche Festbeträge, deren Höhe sich nach dem Durchschnittsanteil eines jeden Landes im Zeitraum 2000 bis 2003 errechnet;
2. jeweils zweckgebunden an den Aufgabenbereich der bisherigen Mischfinanzierungen.

(3) Bund und Länder überprüfen bis Ende 2013, in welcher Höhe die den Ländern nach Absatz 1 zugewiesenen Finanzierungsmittel zur Aufgabenerfüllung der Länder noch angemessen und erforderlich sind. Ab dem 1. Januar 2014 entfällt die nach Absatz 2 Nr. 2 vorgesehene Zweckbindung der nach Absatz 1 zugewiesenen Finanzierungsmittel; die investive Zweckbindung des Mittelvolumens bleibt bestehen. Die Vereinbarungen aus dem Solidarpakt II bleiben unberührt.

(4) Das Nähere regelt ein Bundesgesetz, das der Zustimmung des Bundesrates bedarf.

Art. 143d [Übergangsvorschriften im Rahmen der Konsolidierungshilfen]

(1) Artikel 109 und 115 in der bis zum 31. Juli 2009 geltenden Fassung sind letztmals auf das Haushaltsjahr 2010 anzuwenden. Artikel 109 und 115 in der ab dem 1. August 2009 geltenden Fassung sind erstmals für das Haushaltsjahr 2011 anzuwenden; am 31. Dezember 2010 bestehende Kreditermächtigungen für bereits eingerichtete Sondervermögen bleiben unberührt. Die Länder dürfen im Zeitraum vom 1. Januar 2011 bis zum 31. Dezember 2019 nach Maßgabe der geltenden landesrechtlichen Regelungen von den Vorgaben des Artikels 109 Absatz 3 abweichen. Die Haushalte der Länder sind so aufzustellen, dass im Haushaltsjahr 2020 die Vorgabe aus Artikel 109 Absatz 3 Satz 5 erfüllt wird. Der Bund kann im Zeitraum vom 1. Januar 2011 bis zum 31. Dezember 2015 von der Vorgabe des Artikels 115 Absatz 2 Satz 2 abweichen. Mit dem Abbau

des bestehenden Defizits soll im Haushaltsjahr 2011 begonnen werden. Die jährlichen Haushalte sind so aufzustellen, dass im Haushaltsjahr 2016 die Vorgabe aus Artikel 115 Absatz 2 Satz 2 erfüllt wird; das Nähere regelt ein Bundesgesetz.

(2) Als Hilfe zur Einhaltung der Vorgaben des Artikels 109 Absatz 3 ab dem 1. Januar 2020 können den Ländern Berlin, Bremen, Saarland, Sachsen-Anhalt und Schleswig-Holstein für den Zeitraum 2011 bis 2019 Konsolidierungshilfen aus dem Haushalt des Bundes in Höhe von insgesamt 800 Millionen Euro jährlich gewährt werden. Davon entfallen auf Bremen 300 Millionen Euro, auf das Saarland 260 Millionen Euro und auf Berlin, Sachsen-Anhalt und Schleswig-Holstein jeweils 80 Millionen Euro. Die Hilfen werden auf der Grundlage einer Verwaltungsvereinbarung nach Maßgabe eines Bundesgesetzes mit Zustimmung des Bundesrates geleistet. Die Gewährung der Hilfen setzt einen vollständigen Abbau der Finanzierungsdefizite bis zum Jahresende 2020 voraus. Das Nähere, insbesondere die jährlichen Abbauschritte der Finanzierungsdefizite, die Überwachung des Abbaus der Finanzierungsdefizite durch den Stabilitätsrat sowie die Konsequenzen im Falle der Nichteinhaltung der Abbauschritte, wird durch Bundesgesetz mit Zustimmung des Bundesrates und durch Verwaltungsvereinbarung geregelt. Die gleichzeitige Gewährung der Konsolidierungshilfen und Sanierungshilfen auf Grund einer extremen Haushaltsnotlage ist ausgeschlossen.

(3) Die sich aus der Gewährung der Konsolidierungshilfen ergebende Finanzierungslast wird hälftig von Bund und Ländern, von letzteren aus ihrem Umsatzsteueranteil, getragen. Das Nähere wird durch Bundesgesetz mit Zustimmung des Bundesrates geregelt.

Art. 144 [Ratifizierung des Grundgesetzes]

(1) Dieses Grundgesetz bedarf der Annahme durch die Volksvertretungen in zwei Dritteln der deutschen Länder, in denen es zunächst gelten soll.

(2) Soweit die Anwendung dieses Grundgesetzes in einem der in Artikel 23 aufgeführten Länder oder in einem Teile eines dieser Länder Beschränkungen unterliegt, hat das Land oder der Teil des Landes das Recht, gemäß Artikel 38 Vertreter in den Bundestag und gemäß Artikel 50 Vertreter in den Bundesrat zu entsenden.

Art. 145 [Inkrafttreten des Grundgesetzes]

(1) Der Parlamentarische Rat stellt in öffentlicher Sitzung unter Mitwirkung der Abgeordneten Groß-Berlins die Annahme dieses Grundgesetzes fest, fertigt es aus und verkündet es.

(2) Dieses Grundgesetz tritt mit Ablauf des Tages der Verkündung in Kraft.

(3) Es ist im Bundesgesetzblatte zu veröffentlichen.

Art. 146 [Geltungsdauer des Grundgesetzes]

Dieses Grundgesetz, das nach Vollendung der Einheit und Freiheit Deutschlands für das gesamte deutsche Volk gilt, verliert seine Gültigkeit an dem Tage, an dem eine Verfassung in Kraft tritt, die von dem deutschen Volke in freier Entscheidung beschlossen worden ist.

Anhang:
[Gemäß Art. 140 GG weitergeltende Artikel der Weimarer Reichsverfassung]

Art. 136 WRV [Religionsunabhängigkeit von Rechten und Pflichten]

(1) Die bürgerlichen und staatsbürgerlichen Rechte und Pflichten werden durch die Ausübung der Religionsfreiheit weder bedingt noch beschränkt.
(2) Der Genuß bürgerlicher und staatsbürgerlicher Rechte sowie die Zulassung zu öffentlichen Ämtern sind unabhängig von dem religiösen Bekenntnis.
(3) Niemand ist verpflichtet, seine religiöse Überzeugung zu offenbaren. Die Behörden haben nur soweit das Recht, nach der Zugehörigkeit zu einer Religionsgesellschaft zu fragen, als davon Rechte und Pflichten abhängen oder eine gesetzlich angeordnete statistische Erhebung dies erfordert.
(4) Niemand darf zu einer kirchlichen Handlung oder Feierlichkeit oder zur Teilnahme an religiösen Übungen oder zur Benutzung einer religiösen Eidesform gezwungen werden.

Art. 137 WRV [Religionsgesellschaften]

(1) Es besteht keine Staatskirche.
(2) Die Freiheit der Vereinigung zu Religionsgesellschaften wird gewährleistet. Der Zusammenschluß von Religionsgesellschaften innerhalb des Reichsgebiets unterliegt keinen Beschränkungen.
(3) Jede Religionsgesellschaft ordnet und verwaltet ihre Angelegenheiten selbständig innerhalb der Schranken des für alle geltenden Gesetzes. Sie verleiht ihre Ämter ohne Mitwirkung des Staates oder der bürgerlichen Gemeinde.
(4) Religionsgesellschaften erwerben die Rechtsfähigkeit nach den allgemeinen Vorschriften des bürgerlichen Rechtes.

(5) Die Religionsgesellschaften bleiben Körperschaften des öffentlichen Rechtes, soweit sie solche bisher waren. Anderen Religionsgesellschaften sind auf ihren Antrag gleiche Rechte zu gewähren, wenn sie durch ihre Verfassung und die Zahl ihrer Mitglieder die Gewähr der Dauer bieten. Schließen sich mehrere derartige öffentlich-rechtliche Religionsgesellschaften zu einem Verbande zusammen, so ist auch dieser Verband eine öffentlich-rechtliche Körperschaft.
(6) Die Religionsgesellschaften, welche Körperschaften des öffentlichen Rechtes sind, sind berechtigt, auf Grund der bürgerlichen Steuerlisten nach Maßgabe der landesrechtlichen Bestimmungen Steuern zu erheben.
(7) Den Religionsgesellschaften werden die Vereinigungen gleichgestellt, die sich die gemeinschaftliche Pflege einer Weltanschauung zur Aufgabe machen.
(8) Soweit die Durchführung dieser Bestimmungen eine weitere Regelung erfordert, liegt diese der Landesgesetzgebung ob.

Art. 138 WRV [Staatsleistungen; Kirchengut]

(1) Die auf Gesetz, Vertrag oder besonderen Rechtstiteln beruhenden Staatsleistungen an die Religionsgesellschaften werden durch die Landesgesetzgebung abgelöst. Die Grundsätze hierfür stellt das Reich auf.
(2) Das Eigentum und andere Rechte der Religionsgesellschaften und religiösen Vereine an ihren für Kultus-, Unterrichts- und Wohltätigkeitszwecke bestimmten Anstalten, Stiftungen und sonstigen Vermögen werden gewährleistet.

Art. 139 WRV [Sonn- und Feiertagsruhe]

Der Sonntag und die staatlich anerkannten Feiertage bleiben als Tage der Arbeitsruhe und der seelischen Erhebung gesetzlich geschützt.

Art. 141 WRV [Religiöse Handlungen in öffentlichen Anstalten]

Soweit das Bedürfnis nach Gottesdienst und Seelsorge im Heer, in Krankenhäusern, Strafanstalten oder sonstigen öffentlichen Anstalten besteht, sind die Religionsgesellschaften zur Vornahme religiöser Handlungen zuzulassen, wobei jeder Zwang fernzuhalten ist.

Das Wichtigste in Kürze.

32. Auflage. 2007.
XXXIV, 1010 Seiten. Gebunden € 21,–
ISBN 978-3-406-55264-9

Der Klassiker der politischen Bildung
bringt alle wichtigen Fakten über Europa, Staat, Verwaltung, Recht und Wirtschaft. Viele Schemata, Schaubilder und Landkarten setzen Sie schnell ins Bild. Mehr als 600 Kapitel geben detaillierte Auskünfte.

Schnelle Information
für Schüler, Lehrer, Auszubildende, Studenten, für die Erwachsenenbildung sowie für alle interessierten Staatsbürger.

Aus dem Inhalt:

- Deutschland in der EU
- Staats- und Verwaltungsrecht
- Bürgerliches Recht
- Strafrecht
- Wehrrecht
- Rechtspflege
- Steuerrecht
- Arbeits- und Sozialrecht
- Kirchenrecht
- Wirtschaftsrecht
- Völkerrecht und internationale Beziehungen

Bestellen Sie bei Ihrem Buchhändler oder bei:
beck-shop.de oder Verlag C.H.Beck · 80791 München · **Fax: 089/38189-402** · www.beck.de

C·H·BECK

147162

„Das Buch macht Lust auf Geschichte, Lust auf historisches Denken.“
(WDR)

Ewald Frie (Text)
Thomas Plaßmann (Illustrationen)
Das Schokoladenproblem
Die Verfassung von Nordrhein-Westfalen
jungen Menschen erzählt
104 Seiten mit 42 farbigen Illustrationen
Gebunden mit Schutzumschlag
Format 13 × 21 cm
14,90 Euro
ISBN 978-3-7743-0433-8

GREVEN VERLAG KÖLN
Einfach schöne Bücher

Kreisordnung und Gemeindeordnung
des Landes Nordrhein-Westfalen
Mit einer Einleitung von Professor Dr. Jörg Bogumil
224 Seiten
Broschur
Format 10,5 × 17 cm
5 Euro
ISBN 978-3-7743-0499-4

Jürgen Kleikamp
Kleines Handbuch der Krisenkommunikation
64 Seiten
Broschur
Format 10,5 × 17 cm
4,90 Euro
ISBN 978-3-7743-0602-8

GREVEN VERLAG KÖLN
Einfach schöne Bücher

Susanne Hilger
Kleine Wirtschaftsgeschichte von Nordrhein-Westfalen
Von Musterknaben und Sorgenkindern
176 Seiten
Gebunden mit Schutzumschlag
Format 13 × 21 cm
18,90 Euro
ISBN 978-3-7743-0498-7

„Ein flott und anschaulich geschriebenes Lehr- und Lesebuch“
(WDR)

Christoph Nonn
Kleine Migrationsgeschichte von Nordrhein-Westfalen
168 Seiten
Gebunden mit Schutzumschlag
Format 13 × 21 cm
18,90 Euro
ISBN 978-3-7743-0479-6

GREVEN VERLAG KÖLN
Einfach schöne Bücher

Die komplette Kölner Stadtgeschichte
in 13 prachtvollen Bänden!

Werner Eck
Köln in römischer Zeit
Geschichte einer Stadt im Rahmen des Imperium Romanum
Geschichte der Stadt Köln, Band 1
912 Seiten mit 400 meist farbigen Abbildungen
Leinen im Schutzumschlag
Format 17,5 × 26 cm
75 Euro
ISBN 978-3-7743-0357-7

Hans-Wolfgang Bergerhausen
Köln in einem eisernen Zeitalter
1610–1686
Geschichte der Stadt Köln, Band 6
458 Seiten mit 121 meist farbigen Abbildungen
Leinen im Schutzumschlag
Format 17,5 × 26 cm
60 Euro
ISBN 978-3-7743-0448-2

Klaus Müller
Köln von der französischen zur preußischen Herrschaft
1794–1815
Geschichte der Stadt Köln, Band 8
520 Seiten mit 220 meist farbigen Abbildungen
Leinen im Schutzumschlag
Format 17,5 × 26 cm
60 Euro
ISBN 978-3-7743-0374-4

Horst Matzerath
Köln in der Zeit des Nationalsozialismus
1933–1945
Geschichte der Stadt Köln, Band 12
680 Seiten mit 278 meist farbigen Abbildungen
Leinen im Schutzumschlag
Format 17,5 × 26 cm
60 Euro
ISBN 978-3-7743-0429-1

„Eine gute Kunde für die Kölner“
(FAZ)

Jürgen Herres
Köln in preußischer Zeit
1815 – 1871
Geschichte der Stadt Köln, Band 9
520 Seiten mit 126 Abbildungen
Leinen mit Schutzumschlag
Format 17,5 × 26 cm
60 Euro
ISBN 978-3-7743-0452-9

GREVEN VERLAG KÖLN
Einfach schöne Bücher

„Ein dickes Ding für Köln-Liebhaber"

(Kölner Stadt-Anzeiger)

Jürgen Wilhelm (Hg.)
Das große Köln Lexikon
492 Seiten mit 1130 Artikeln
und 580 farbigen Abbildungen
Leinen mit Schutzumschlag
Format 17,2 × 24,2 cm
28 Euro statt bisher 49,90 Euro
ISBN 978-3-7743-0355-3

„Ein historisches ‚Who is Who'."

(Kölner Stadt-Anzeiger)

Ulrich S. Soénius,
Jürgen Wilhelm (Hg.)
Kölner Personen-Lexikon
608 Seiten mit 575 farbigen
Abbildungen
Leinen mit Schutzumschlag
Format 17,2 × 24,2 cm
28 Euro statt bisher 49,90 Euro
ISBN 978-3-7743-0400-0

„Geballte Informationen und großformatige Bilder zu allen Bereichen des Lebens in Düsseldorf."
(Westdeutsche Zeitung)

„Es gibt viel zu entdecken!"
(WDR)

Clemens von Looz-Corswarem,
Benedikt Mauer (Hg.)
Das große Düsseldorf-Lexikon
856 Seiten mit 640 farbigen Abbildungen
Format 21 × 17 cm
Leinen mit Schutzumschlag
ISBN 978-3-7743-0485-7

GREVEN VERLAG KÖLN
Einfach schöne Bücher

„Eine literarische Entdeckung, ein wunderschönes Buch“
(WDR Scala)

Luise Straus
Eine Frau blickt sich an
Reportagen und Erzählungen 1933 – 1941
Mit einführenden Beiträgen von
Jürgen Pech, Achim Sommer, Werner Spies und Jürgen Wilhelm
176 Seiten mit 24 schwarz-weißen Abbildungen
Format 16,7 × 24 cm
Gebunden mit Schutzumschlag
19,90 Euro
ISBN 978-3-7743-0494-9

„Das glänzend erzählte Buch liefert packende, auch quälende Geschichten.“
(Rheinische Post)

Holger Hintzen
Paul Raphaelson und Hans Jonas
Ein jüdischer Kapo und ein bewaffneter Philosoph im Holocaust
368 Seiten
Hardcover mit Schutzumschlag
Format 13,7 × 21,5 cm
19,90 Euro
ISBN 978-3-7743-0496-3

GREVEN VERLAG KÖLN
Einfach schöne Bücher